어린이를 위한 프리셉트 귀납적 성경공부 3

주기도문을 통해 배우는

예수님, 기도를 가르쳐주세요!

Discover 4 Yourself Bible Studies for Kids

LORD, TEACH ME TO PRAY FOR KIDS

Korean Edition
ⓒ 2010 by Precept Ministries Korea
190-220, sadang 5 dong, DongJak-ku, Seoul, Korea

주기도문을 통해 배우는

예수님, 기도를 가르쳐주세요!

케이 아더 & 지나 아든트 공저

프리셉트

나를 위해 언제나 기도해 주는 소중한 여섯 명을 세상 어느 누구보다 축복합니다.

내 어머니, 라모나 버커리

내 형제 론다 어슈리

크리스트

캐시 딘

레슬리 머피

셰리 런디

우리는 모든 기쁨과 슬픔을 함께 나누었습니다.

사랑하는 하나님께서는 우리를 위해 그 모든 것을 해오셨고, 기도로 그분께 나오는 놀라운 특권을 허락하시어 우리 모두를 하나님과 연결 지으셨습니다.

모두에게 진심으로 감사합니다.

사랑합니다 재나.

나는 여러분을 생각할 때마다 하나님께 감사를 드립니다.

또한 늘 기쁨으로 여러분 모두를 위해 기도하고 있습니다.

...

하나님께서는 여러분 안에서 선한 일을 시작하셨습니다. 그분은 끊임없이 일하고 계시므로 예수 그리스도께서 오시는 마지막 그 날에 그 모든 선한 일을 확실히 완성하실 것입니다.

빌립보서 1:3-4, 6 _ 쉬운성경

‘주기도문’은 예수님께서 가르쳐주신 기도예요

하늘에 계신 우리 아버지여 이름이 거룩히 여김을 받으시오며
나라가 임하시오며 뜻이 하늘에서 이루어진 것 같이 땅에서도 이루어지이다
오늘 우리에게 일용할 양식을 주시옵고
우리가 우리에게 죄 지은 자를 사하여 준 것 같이 우리 죄를 사하여 주시옵고
우리를 시험에 들게 하지 마시옵고 다만 악에서 구하시옵소서
나라와 권세와 영광이 아버지께 영원히 있사옵나이다 아멘
마태복음 6:9-13

등장인물

최고사령관 - 하나님
통신 전문가 - 예수님
병사 - 우리들

준비물

훈련지침서(성경)
기도노트
펜, 연필 등 다양한 필기도구

주기도문을 통해 배우는

예수님, 기도를 가르쳐주세요!

차례

어린이 병사 여러분! 만나서 반가워요. 하나님의 특수부대 훈련소인 하늘나라 캠프에 오신 것을 환영해요. 하나님의 특수부대는 어떤 군대일까요? 하나님(최고사령관님)을 더 알기 원하고 그분과 특별한 관계를 맺고 싶어 하는 여러분과 같은 어린이들로 이뤄진 정예부대예요.

하나님의 특수 부대원이 되기 위해, 여러분은 앞으로 28일 동안 하나님의 "Q"코스에 들어가 통신 전문가로서의 **훈련**과 **기도하는 법**을 배우게 될 거예요. 기도는 최고사령관님과의 직통전화와 같아요. 그러므로 하나님께서 어떤 기도를 원하시는지 아는 것은 매우 중요해요.

여러분은 "Q"코스 훈련에서 귀납적 성경공부라는 특별한 방법을 통해 하나님의 훈련지침서이자 모든 진리의 원천인 성경을 공부하게 되요. 귀납적이란 말은 다른 누군가가 얘기해주는 것에 의존하지 않고, 여러분이 직접 성경을 파헤쳐서 스스로 성경의 의미를 발견하는 것을 의미해요.

어린이 병사 여러분! 그럼 이제 하나님의 "Q"코스에 도전할 준비가 되었나요? 하나님의 자랑스러운 특수부대 대원이 되길 원하나요? 그렇다면 이제 여러분은 하나님께 모든 것을 드리고, 그의 명령을 따르기 위해 매일매일 그분과 함께 시간을 보내기로 결심해야 해요.

좋아요! 막사로 들어가 짐을 푸세요. 곧 훈련이 시작될 거예요. **해산!**

1주

특별 작전 : 기도 작전

기상! 집합 준비! 하늘나라 캠프에서 여러분의 첫 번째 임무는 특별 작전인 기도 작전에 관한 지휘관의 통신 지시사항을 듣는 거예요. 훈련지침서를 챙겨서 모두 모이세요.

첫째 날

통신 전달사항

하늘나라 캠프에 온 것을 환영해요. 하나님의 특수부대에서 통신 전문가가 되려면, 먼저 통신이란 무엇인지, 그것이 왜 중요한지를 이해해야만 해요.

통신은 우리의 생각과 의견을 나누는 수단이에요. 편지 쓰기, 전자우편, 직접 만나서 대화하기, 전화 통화처럼 말이에요. 군인들도 이런 방법을 사용하지만, 필요한 경우에는 무전이나 암호를 이용해 통신하기도 해요.

통신은 군인들에게 꼭 필요해요. 특히 전쟁에서 살아남는 데 결정적인 역할을 해요. 통신은 군인들이 전진이나 후퇴의 순간을 알 수 있도록 지휘관과 연락하고 명령받는 방법이에요. 또한 도움이나 필요한 것을 요청하고, 적의 정체가 무엇인지, 무엇을 하고 있는지를 알 수 있는 수단이죠.

통신은 부모와 자녀 사이, 친구 사이, 그리고 지휘관과 병사 사이와 같은 우리 모든 인간관계의 열쇠예요. 만일 우리가 가장 친한 친구와 대화할 시간을 갖지 않는다면 어떻게 될까요? 계속 가장 친한 친구로 남을 수 있을까요? 서로 이야기를 나누며 상대방을 알아갈 때 더욱 가깝게 지낼 수 있어요.

우리가 하나님의 "Q"코스에서 기도에 대해 배우는 이유가 바로 이 때문이에요. 우리의 최고사령관님과 친해지기 위해, 우린 그분과 대화하고 그분을 알아가는 시간을 가져야 해요. 하나님과 대화하고 그분의 말씀을 듣는 것, 바로 이것이 기도예요. 하나님은 여러분을 사랑하시고, 여러분과 가까워지고 싶어 하세요. 그분이 여러분을 만드신 목적은 여러분과 친해지기 위해서예요.

기도는 **하나님과 언제, 어디서나, 무엇이든지 대화할 수 있도록 하나님께서 우리에게 주신 것**으로, 아무나 가질 수 있는 특권이 아니에요. 놀랍지 않나요? 여러분이 우주를 다스리시는 그분, 최고사령관님을 개인적으로 직접 만나는 권한이 있다는 사실말이에요!! 이건 언제든지 여러분의 얘기를 들어주는 대통령의 휴대 전화번호를 가지게 된 것이나 다름없어요.

기도는 흥미진진한 모험이지만, 저절로 그 방법이 익혀지는 것은 아니에요. 군인들이 기술을 익히기 위해 연습하고 훈련받는 것처럼, 기도에도 훈련과 연습이 필요해요. 이것이 우리가 하나님의 "Q"코스에서 하는 훈련이에요. 우리는 먼저, **훈련지침서(성경)**를 공부하면서 기도의 방법을 배우고, 그 후론 실제로 최고사령관님과의 대화시간을 통해 배운 것을 연습, 연습, 또 연습할 거예요. 하나님의 특수부대로서, 우리는 우리가 할 수 있는 최고의 목표에 이를 수 있어야 해요.

통신에 대한 전달사항은 여기까지예요. 자, 이제 본격적으로 시작할게요. 군인이 임무 시작 전에 해야 할 가장 중요한 일은 무엇인가요? 먼저 지휘관 앞에 나아가 신고식을 하는 거예요. 자, 지금 자신의 위성통신기를 가지고 하나님의 보좌 앞에 나아가 인사하세요. 여러분의 최고사령관님께 그분을 잘 알아가고 기도하는 법을 잘 배울 수 있게 도와달라고 부탁드리세요.

잘했어요! 그럼 이제 훈련지침서를 한 번 살펴볼까요? 훈련지침서인 성경은 최고사령관님과 우리가 통신하기 위한 또 하나의 수단이에요. 밑에 있는 요한일서 5:14-15를 읽으세요.

14그를 향하여 우리의 가진 바 담대한 것이 이것이니 그의 뜻대로 무엇을 구하면 들으심이라
15우리가 무엇이든지 구하는 바를 들으시는 줄을 안즉 우리가 그에게 구한 그것을 얻은 줄을
또한 아느니라

이제 다시 돌아가서 위 구절을 읽고 중심 단어들에 표시해보세요. 중심 단어란 반복해서 나오는 단어를 의미해요. 중심 단어는 지금 공부하고 있는 장이나 책의 의미를 이해하도록 도와주고, 또한 성경 말씀의 흐름에서 중요한 것이 무엇인지 단서를 보여주기도 해요.

- 중심 단어들은 보통 계속 반복되어 사용된다.
- 중심 단어들은 중요하다.
- 중심 단어들은 저자가 의도를 가지고 사용하는 것이다.

중심 단어를 발견했을 때는, 그것을 한눈에 알아볼 수 있도록 특별한 모양과 색으로 표시해두어야 해요. 이때 중심 단어를 뜻하는 대명사도 함께 표시해야 해요.

대명사

대명사는 명사의 자리를 대신하는 단어이다. 명사가 어떤 사람, 장소, 사물이라면, 대명사는 명사를 대신하는 것이다. "특수부대 병사는 장애물 코스를 통과해야 한다. 그들은 어떤 상황에도 대처할 수 있도록 벽에서 뛰어내리고, 밧줄을 타고 올라가며, 땅속에 묻힌 배수관 속을 기어 다닐 줄 알아야 한다." 여기서 '그들'이란 단어는 첫 번째 문장에서 '특수부대 병사'를 대신하여 사용되었기 때문에 대명사다.
우리가 사람들을 가리킬 때 쓰는 다른 대명사들은 어떤 것들이 있을까?

나	너	그	그녀
나를	네 것	그를	그녀의
내 것		그의 것	그녀의 것

우리	그 것	그들
우리의	그것의	그들을

이제 중심 단어와 대명사가 무엇인지 알았다면 요한일서 5:14-15로 돌아가서 표시해보세요.

하나님 ☞ 이 구절들에서는 "그" (보라색 세모)

구하다 ☞ 파란색 동그라미

들으시다 ☞ 연두색 귀 모양

우리가 하나님 앞에서 가진 확신은 무엇인가요?

우리가 구하는 것을 하나님께서 들으시면, 우리의 구한 것을 주시나요?

우리가 어떻게 기도해야 하는지를 아는 것이 하나님의 뜻인가요?

하나님은 우리와의 사귐을 원하세요. 우리는 단지 구하기만 하면 되는 거예요. 이 구절들은 우리가 그분께 나와 그분의 뜻에 따라 구하면 그분이 들으신다는 확신을 갖게 해줘요.

우리의 첫 번째 임무를 훌륭하게 달성했으니, 최고사령관님께 간단한 편지를 쓰세요. 여러분이 생각한 단어만으로 간결하게 쓰는 게 중요해요. 하나님은 우리가 정직하게 우리 마음을 나누길 원하세요. 기도를 배우는 것은 뭔가 발표하는 것이 아니라, 하나님과의 친해지기 위한 거예요.

그분께 개인적으로 직접 나아갈 수 있는 멋진 특권을 주신 하나님께 감사하는 것으로 시작해보세요. 요한일서 5:14-15에서 우리가 하나님의 뜻에 따라 구하기만 하면, 구한 것을 들어주신다는 약속을 주신 것에 감사드리세요. 하나님의 말씀을 주신 것에 감사하세요. 기도하는 방법을 배우는 것이 하나님의 뜻임을 여러분이 알고, 하나님을 배우고 알아가는 과정을 통해 그분의 특수부대가 되길 원한다고 말씀드리세요.

둘째 날

훈련 실습

자, 이제 훈련 지역으로 나가야 할 시간이에요. 하나님의 특수부대원이 정보를 수집하고 판단하는 법을 아는 것은 매우 중요해요. 앞으로 실전 훈련에서 이 중요한 기술을 향상시키는 법을 배우게 될 거예요.

먼저 우리는 하나님의 기도의 용사 한 명을 관찰해 보고, 질문을 통해 정보를 모으게 될 거예요. 하나님의 특수부대원은 잘할 수 있을 때까지 **관찰 기술을** 훈련해야 해요. 즉, 육하원칙에 따라 질문하는 법을 알아야 해요. 육하원칙은 **누가**, **무엇을**, **어디서**, **언제**, **어떻게**, **왜**의 질문에 대답하는 거예요.

1. **'누가'** 라는 질문은 이렇게 활용할 수 있어요.

누가 이것을 썼는가?

이것은 누구에게 쓴 것인가?

누구에 대해 쓴 것인가?

누가 한 말이며, 한 일인가?

2. **'무엇'** 을 물음으로 다음의 질문들을 해볼 수 있어요.

글쓴이는 무엇을 말하고자 하는가?

중요하게 일어난 일들은 무엇인가?

3. **'어디'** 의 질문은 다음의 것들을 알게 해요.

사건이 어디에서 일어났는가?

그들이 간 곳은 어디인가?

이 말을 한 곳이 어디인가?

*어디의 질문에 답을 발견하면 녹색 밑줄을 두 개 쳐서 표시

4. **'언제'** 는 시간을 말해요. 녹색 시계를 그려 표시해 보세요. 

사건이 언제 일어났으며, 또는 언제 일어날 것인가?

'주요 인물이 언제 그 일을 했는가?' 이 질문을 하게 되면 사건이 일어난 시기를 순서대로 정리할 수 있어요. 적절한 시기를 아는 것은 군인에게 결정적이에요. 군인은 자신의 임무를 종합하여 조직할 수 있어야 해요.

5. **'왜'** 는 다음의 질문들과 연결돼요.

왜 그런 말을 했는가?

왜 이런 일이 일어났는가?

왜 그들은 그곳으로 갔는가?

6. **'어떻게'** 는 다음의 것들을 질문하게 해줘요.

어떻게 그 일이 일어난 것인가?

사람들은 그 일이 일어났다는 것을 어떻게 알았는가?

자, 이제 이런 규칙들을 알았으니 무엇을 해야 할까요? 기도! 본격적으로 해 보세요. 최고사령관님께 훈련 지역에 잘 도달할 수 있게 도와달라고 기도하세요. 이제 다음으로 가요!

야고보서 5:16-18을 육하원칙에 따라 질문하면서 읽어보세요.

16그러므로 너희 죄를 서로 고백하며 병이 낫기를 위하여 서로 기도하라 의인의 간구는 역사
하는 힘이 큼이니라 17엘리야는 우리와 성정이 같은 사람이로되 그가 비 오지 않기를 간절히
기도한즉 삼 년 육 개월 동안 땅에 비가 오지 아니하고 18다시 기도하니 하늘이 비를 주고 땅
이 열매를 맺었느니라

큰 효력이 있는 기도는 누구의 기도인가요?(5:16)

....

의로운 사람은 하나님 앞에서 진실하게 살아온 사람이에요. 자신이 죄인임을 알고 그 죄를 자백하며 살아온 사람이죠. 그는 예수님을 자신의 구원자로 모시고, 하나님과 진실한 관계를 갖고 있어요. 그는 하나님께서 성경 말씀에서 옳다고 하신 것을 행하려고 노력해요.

비가 오지 않기를 위해 기도한 사람은 누구인가요?(5:17)

그는 무엇을 가진 사람이었나요?(5:17)

이것은 엘리야가 여러분과 나 같이 평범한 사람(성정이 같은 사람)임을 의미해요.

그는 어떻게 기도했나요?(5:17)

간절했다는 것은 정성을 다했다는 뜻이에요. 그는 진심으로, 정직하게, 열심히, 그리고 마음 깊은 곳으로부터 기도했어요. 분명한 목적과 의지를 가지고 기도한 것이죠.

그는 무엇을 위해 기도했나요?(5:17)

그가 기도한 결과는 무엇이었나요?(5:17)

무슨 일이 있었나요?(5:18)

하나님께서 엘리야의 기도에 응답하셨나요?

한 평범한 사람이 하늘을 열고 닫는 기도를 할 수 있었다는 사실이 놀랍지 않나요? 그저 평범하기만 했던 사람 엘리야가 어떻게 그런 특별한 일을 할 수 있었을까요? 우린 그가 간절히 기도했다는 것을 알아요. 그렇지만 무엇에 대해 기도해야 하는지는 어떻게 알았을까요?

이번엔 교차참고 방법을 이용해 훈련지침서를 더 연구해 보세요. **교차참고란** 성경 말씀의 어떤 부분을 다른 부분과 비교하는 것을 의미해요. 성경 말씀은 모두 의미가 통하는 관계에 있기 때문에 성경공부를 하면서 말씀의 의미를 찾아갈 때 아주 중요한 도구가 돼요.

열왕기상 17:1을 찾아 읽어보세요.
엘리야는 누구에게 앞으로 비가 내리지 않을 거라고 말해주었나요?

열왕기상 16:30-31을 찾아 읽어보세요.

아합 왕은 어떤 왕이었나요?(16:30)

아합 왕은 누구를 섬기고 숭배했나요?(16:31)

우와! 엘리야는 어떻게 악한 왕 아합에게 비가 오지 않을 거라고 말할 용기를 냈을까요? 엘리야는 정말 비가 오지 않는다는 걸 어떻게 알았을까요?

신명기 11:13-17을 찾아 읽어보세요.

하나님이 그의 명령에 순종하는 사람들에게 주시는 것은 무엇인가요?(11:13-14)

다른 신들을 섬기는 사람들에게 일어날 일은 무엇인가요?(11:16-17)

아합 왕은 다른 신들을 섬기고 숭배했나요?(열왕기상 16:31)

엘리야는 하나님께서 모세에게 하셨던 말씀을 알았기에 아합 왕에게 비가 오지 않을 거라고 말할 용기가 있었어요. 엘리야는 하나님의 말씀을 알았던 거예요. 엘리야는 평범한 사람이었지만 기도의 방법을 알았기 때문에 하나님의 놀라운 일하심을 볼 수 있었어요. 여러분도 기도로써 엘리야처럼 놀라운 일을 이뤄낼 수 있을까요? 하나님과 그분의 말씀이 여러분에게 엘리야와 같은 놀라운 결과를 가져오는 기도를 하는 방법을 가르쳐줄 거예요. 이 현장을 떠나기 전에 여러분이 배운 것을 실습하세요. 엘리야처럼 능력 있는 기도를 할 수 있게 가르쳐달라고 하나님께 구하세요.

하나님, 저도 엘리야처럼 기도하는 법을 배우고 싶어요. 제가 하나님의 말씀을 공부하고 하나님을 믿으니, 저에게 기도하는 법을 가르쳐주세요. 큰 능력이 있는 의인의 기도를 할 수 있도록 가르쳐주세요. 하나님의 뜻에 달려 있는 것임을 압니다. 그래서 가르쳐주시길 부탁드려요. 저의 기도를 들어주셔서 감사해요. 저를 사랑하셔서 저를 위해 죽으신 하나님의 아들 예수님의 이름으로 기도합니다. 아멘.

이제 밑의 네모 칸 안에 엘리야가 간절히 기도하는 장면을 그려보세요. 하나님의 특수부대가 되기 위해 받는 여러분의 훈련을 하나님께서 도와주시길 구하세요.

셋째 날

통신 전문가와 함께하는 기도 훈련

집합! 어제 우리는 질문하는 법을 배우고 하나님의 기도 용사 중 한 사람인 엘리야에 대한 정보를 모으면서 관찰의 기술들을 익혔어요.

오늘은 통신 전문가로부터 특별 기도 훈련을 받고 관찰 실습을 계속할 거예요. 훈련지침서를 펼치고 누가복음 11:1-10에 나온 통신 전문가를 만나보세요. 그 후에 육하원칙에 따라 정보를 수집할 거예요.

기도하는 사람은 누구인가요?(11:1)

....

그분의 제자 하나가 그분께 부탁한 것은 무엇인가요?(11:1)

....

예수님의 부르심을 받은 선택받은 제자가 기도하는 법을 가르쳐달라고 했다는 것이 좀 이상한가요? 그렇지 않아요. 제자들은 예수님과 함께 다니면서 그분의 엄청난 능력이 있는 기도들을 보고 어떤 느낌을 받았을까요? 아마도 죽었다 깨어나도 저분과 같은 기도를 할 수 없을거라고 생각했을 거예요. 하지만 그들은 포기하지 않고 통신 전문가에게 가서 가르쳐달라고 부탁했어요. 얼마나 힘이 되는 이야기인가요! 예수님께서 제자들에게 기도하는 법을 가르치셨듯이, 기도는 우리도 배울 수 있는 기술이에요.

예수님께서 제자들에게 기도에 대해 가르치시기 위해 어떤 이야기를 예로 말씀하셨나요?(11:5-8)

....

왜 그 사람은 일어나서 친구의 필요한 것을 주었나요?(11:8)

....

어떻게 하면 구하는 것을 주시나요?(11:9-10)

....

어떻게 하면 찾을 수 있나요?

....

어떻게 하면 열리나요?

....

다시 누가복음 11:9에 있는 이 세 동사에 파란색 동그라미로 표시하세요.

이 예화를 통해 배울 수 있는 기도하는 방법은 무엇인가요? 어떻게 친구를 침대에서 일어나게 했나요?(11:8)

그의 .... 때문에

기도에는 끈질김이 필요해요. 끈질김은 곧 포기하지 않는 거예요. 앞에서 나온 세 개의 동사 – **구하라, 찾으라, 두드리라** – 는 현재시제의 헬라어로 쓰였어요.

프리셉트에서 나온 어린이용 성경공부 교재를 이미 공부한 사람이라면 현재시제의 헬라어 동사는 곧 '계속되는 행동을 나타낸다'는 것을 기억할 거예요. 즉, 계속해서 끊이지 않고 일어나는 일이란 의미예요. 우리는 구하고 찾고 두드리는 것을 한 번이 아니라 계속해야해요.

예수님은 왜 이것을 계속하라고 말씀하셨을까요? 아마도 그건, 마치 군인이 그런 것처럼 우리도 항상 최고사령관님과 연락을 유지해야 하기 때문이에요. 우린 끈기를 배워야 해요. 하나님은 상황이 힘든 때에도 포기하지 않는 군인을 원하세요. 끈기를 연습하세요. 기도하는 법을 알기 원하는 마음으로, 앞으로도 구하고 찾고 두드리는 것을 멈추지 않겠다고 말씀드리세요.

하나님, 말씀으로 저와 대화해주셔서 감사해요. 누가복음 11:1-10을 통해서 예수님께서 제자들에게 기도하는 법을 가르쳐주셨다는 걸 배웠어요. 저에게도 가르쳐주세요. 도와주세요. 찾고 두드립니다. 제 기도를 들어주시고 응답해주세요. 당신의 특수부대가 되기를 원해요. 구하는 것을 멈추지 않을 게요. 예수님을 의지하길 원해요. 끈기 있게 기도하고 싶어요. 제 기도를 들으시고 응답하심에 감사드려요. 사랑해요. 예수님의 이름으로 기도합니다. 아멘.

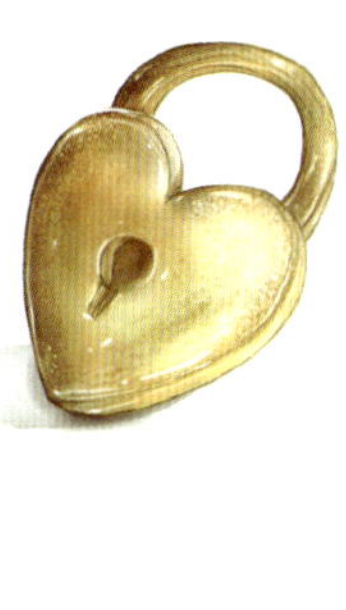

넷째 날

예수님의 기도 법칙 알아내기

좋은 아침이에요. 오늘은 매우 힘든 훈련 일정이 잡혀 있어요. 처음 할 일이 뭐였죠? 여러분의 위성통신기를 챙기고 최고사령관님의 지시를 받으세요.

자, 우리의 통신 전문가와 함께하는 통신기술을 향상시키기 위한 실전 훈련 준비가 끝났어요. 실전 훈련이 끝나면 장애물 코스로 가서 장애물 오르기와 뛰어넘기를 하게 될 거예요. 그럼 배낭에 간식을 포함한 다른 짐들을 챙기세요. 이 지역을 가로질러 가기 위해서는 충분한 물과, 야영 장비, 탐험 장비가 필요해요.

이제 준비되었나요? 좋아요, 먹을 것을 좀 챙겨서 훈련 지역으로 이동해요. 우리가 어제 마무리한 곳에서 시작할 거예요. 우리의 통신 전문가께서 제자들에게 기도하는 법을 가르치신 것에 대해 살펴볼까요?

누가복음 11:1-4을 읽어보세요.

예수님은 제자들의 요청에 어떻게 반응하셨나요?(11:2)

....

누가복음 11:2-4의 구절들은 **"주기도문"**으로 알려져 있어요. 예수님께서 제자들에게 이 구절들을 말씀하시면서, "너희는 이렇게 기도하라"라고 하신 것이 이 기도를 단지 계속 반복해서 하라고 하신 것 같나요? 네 .... 아니오 ....

그럼 이제 교차참고 방법으로 마태복음 6장의 주기도문을 보기로 해요. 그러기 위해서는 문맥을 살펴보아야 해요. '문맥'이란 단어는 "쓰인 글"이라는 뜻의 '문'(文)과, "함께 쓰였다"는 뜻의 '맥'(脈)이 합쳐져서 이뤄진 단어예요. 즉, 문맥은 무언가를 깨닫게 하려고 구성되어진 틀인데, 성경공부를 할 때 아주 중요한 것이죠.

그래서 성경의 문맥을 본다는 것은, 내가 공부하고 있는 부분과 함께 앞뒤의 구절들을 살펴보면서, 성경 전체와 어떻게 일치하는지를 보는 거예요.

마태복음 6장(우리가 교차참고 할 부분)은 누군지 알 수 없는 사람이 말하는 것으로 시작하고 있기 때문에 마태복음 6장 전 부분을 살펴봐서 말하는 사람이 누구인지를 찾아야 해요.

또 문맥 속에서 찾아낼 수 있는 것은:

- **일이 일어난 장소**. (지리적 배경, 예수님이 사신 곳을 기억하기－예수님이 사신 곳이 한국이었나, 이스라엘이었나?)
- **그 일이 일어난 때**. (역사적 배경－예수님이 태어나시기 전, 예수님이 태어나서 사셨던, 또 예수님이 죽으시고 부활하신 이후 등과 같이 시기에 대한 것)
- **당시 사람들의 풍습**. (문화적 배경－예를 들어, 예수님은 이스라엘 전통 의상을 입으셨을까, 청바지를 입으셨을까?)

문맥이 무엇인지를 알았으니 그럼 우리가 교차참고 하는 마태복음 6장 전에 오는 내용이 무엇인지를 살펴봐요. 마태복음 5:1-2절을 찾아 읽어보세요.

가르치고 있는 사람은 누구인가요? ....

이제 마태복음 6장을 보세요. 예수님께서 산에서 가르치고 계셨다는 것을 마태복음 5장을 통해서 알았다면, 마태복음 6장에서 말하고 있는 사람이 누군지 알겠나요? 문맥으로 보면 마태복음 5장에서의 예수님의 가르침이 6장에서도 계속되고 있다는 것을 알 수 있어요. 마태복음 6:7-15를 읽어보세요.

예수님께서 기도할 때 하지 말아야 할 것이 무엇이라고 말씀하시나요?(6:7)

그렇다면 예수님께서는 '주기도문'을 그저 외워서 반복하라고 하시는 걸까요?

아니에요. 예수님은 의미 없이 반복하는 기도를 하지 말라고 하셨어요. 곧 자기 자신에게 아무런 의미가 없는 말들을 반복하는 것을 원치 않으신다는 의미예요. 9절에서 예수님은 "그럼 이렇게(이런 방식으로) 기도하여라"라고 하셨지, 주기도문을 그냥 반복하며 기도하라고 하지 않으셨어요. 기도의 방법을 가르쳐주려고 하신 거예요. 그들에겐 예수님의 말씀을 곧바로 적을 노트도 없었다는 걸 생각해보세요. 당시에는 오직 두루마리 책밖에 없었는데, 그것은 아주 비싼 물건이었어요.

그래서 예수님이 주기도문을 기도의 본보기로써 제자들에게 주신 거예요. 주기도문은 각기 다른 기도의 주제를 가진 간단한 일곱 개의 문장으로 이뤄져 있어요. 이것은 마치 기도의 모든 구체적인 부분들이 담겨진 틀과도 같아요. 또한 이것은 바로 이스라엘 선생들이 가르치던 방식이에요. 예수님이 우리에게 주기도문을 어떤 참고서로서가 아니라 기도의 특별한 법칙에 대한 본보기로 주신 것이고, 또한 성경책이 만들어지기 전까지 제자들이 기도의 방법을 기억하기 쉽도록 해주신 거예요.

이제 하나님의 "Q" 코스에서 남은 훈련 기간 동안 우리는 우리의 통신 전문가이신 예수님께서 제자들에게 가르쳐주신 기도의 본보기를 어떻게 활용해야 하는지를 배우게 될 거예요. 하나님과 만나고 그분과의 교제에 집중하는 특별한 시간을 매일매일 마련할 수 있나요? 그렇다면 여러분은 하나님의 "Q"코스를 통과하고 하나님의 특수부대원의 모자를 받기 위해 필요한 모든 것을 갖추었어요.

먼저, 이 기도를 외우세요. 기도문으로서 단순히 단어를 반복해가며 외우는 것이 아니라, 하나님께서 우리에게 무엇에 대해 기도하길 원하시는지에 대해 배우면서 외워야 해요. 이 기도문을 외운 후에, 일곱 개의 문장 하나하나를 집어보고 각각 어떤 주제를 담고 있는지 해석할 거예요.

이렇게 하면, 우리 최고사령관님과 통신을 잘하는 비결을 알 수 있어요. 멋지지 않나요? 이제 여러분은 통신 전문가가 되는 기술을 익히고, 이 우주를 다스리시는 분과 함께하는 흥미진진한 모험의 삶을 시작하게 되는 거예요!

그럼 시작해요. 마태복음 6:9-13을 아래 칸에 적어보세요.

그러므로 너희는 이렇게 기도하라.

자, 기도문을 써봤으니 이제 외워볼까요? 매일 아침, 점심, 저녁마다 세 번씩 반복해서 크게 읽으세요. 완전히 익혀질 때까지 계속하세요. 최고사령관님께서 여러분의 노력을 매우 자랑스럽게 생각하실 거예요!

다섯째 날

법칙으로 해석하기

대지 탐험 실전훈련은 훌륭하게 해내었군요! "Q"코스의 2단계 훈련을 시작하면서 우리의 통신기술 향상 훈련이 계속 이어질 거예요.

하나님의 특수부대원들은 고성능 라디오나 최신 컴퓨터 네트워크, 암호 해독 기술뿐만 아니라 기본적인 모스부호도 이용할 줄 알아야 해요. 고성능 통신장비가 배터리가 없어서 작동을 못하게 된다거나, 위성을 못 쓰게 되는 것과 같은 위급한 상황에 대처할 수 있도록 훈련 받아야 해요.

그럼 훈련지침서를 들고 최고사령관님께 훈련 신고식을 하세요. 그리고 예수님이 주신 기도의 특별한 법칙을 공부하기 위해 통신 본부로 가세요. 이제부터 본보기로 보여주신 이 기도문에 어떤 가르침이 숨겨져 있는지 일곱 개 문장 하나하나를 해석해 볼 거예요.

그 후엔 각각의 문장들마다 제목을 붙여서, 기도의 방법을 배우는 동안 각 주제들이 쉽게 기억나도록 할 거예요.

마태복음 6:9-13의 첫 번째 문장을 보세요.

“그러므로 너희는 이렇게 기도하라. 하늘에 계신 우리 아버지여, 이름이 거룩히 여김을 받으시오며.”

이 문장의 주제는 무엇이라고 생각하나요?

이 문장의 주제에 적당한 제목을 적어보세요.

그럼 다음 문장을 보세요. “나라가 임하시오며.”

두 번째 문장의 제목을 적어보세요.

“뜻이 하늘에서 이루어진 것 같이 땅에서도 이루어지이다.”

이 문장의 제목을 정하세요.

“오늘 우리에게 일용할 양식을 주시옵고.”

이 문장의 제목을 정하세요.

“우리가 우리에게 죄 지은 자를 사하여 준 것 같이 우리의 죄를 사하여 주시옵고.”

이 문장의 제목을 정하세요.

"우리를 시험에 들게 하지 마시옵고, 다만 악에서 구하시옵소서."

이 문장의 제목을 쓰세요.

"나라와 권세와 영광이 아버지께 영원히 있사옵나이다. 아멘."

주기도문의 마지막 문장의 제목을 정하세요.

자, 어떻게 했는지 볼까요? 여러분이 답한 것과 주기도문에 관한 "Q"코스 안내서를 비교해보세요.

다음 페이지에 나와 있는 "Q"코스 안내서를 보고 모스부호로 제시되어 있는 주기도문 각 문장들의 주제를 풀어보세요.

모스부호는 전신을 이용해서 점(·)과 대시(_)의 부호로 빠른 통신을 할 수 있도록 발명된 방법이에요. 점과 대시의 배열들이 각각 한글의 자음과 모음, 숫자를 나타내지요.

"Q"코스 안내서

모스부호 해석표

ㄱ ·_··	ㄴ ··_·	ㄷ _···	ㄹ ···_
ㅁ __	ㅂ ·__	ㅅ __·	ㅇ _·_
ㅈ ·__·	ㅊ _·_·	ㅋ _··_	ㅌ __··
ㅍ ___	ㅎ ·___	ㅏ ·	ㅑ ··
ㅓ _	ㅕ ···	ㅗ ·_	ㅛ _·
ㅜ ····	ㅠ ·_·	ㅡ _··	ㅣ ··_
1 ·____	2 ··___	3 ···__	
4 ····_	5 ·····	6 _····	
7 __···	8 ___··	9 ____·	0 _____

첫 번째 문장의 정답은 미리 써 두었어요.

그러므로, 너희는 이렇게 기도하라.

"하늘에 계신 우리 아버지여, 이름이 거룩히 여김을 받으시오며."

·_··/···/_·_/·__/·*··_ (* 표시에서는 양 옆의 모음을 합치세요)

ㄱ ㅕ ㅇ ㅂ ㅐ ☞ 경 배

"나라가 임하시오며."

_ · _ · / · · · · / _ · _ / _ _ · / _ / _ · _

___ ___ ___ ___ ___ ___ ☞ ___ ___

"뜻이 하늘에서 이루어진 것 같이 땅에서도 이루어지이다."

_ _ · / · · · · / · · _ · / · _ _ · / · _ / _ · _

___ ___ ___ ___ ___ ___ ☞ ___ ___

"오늘 우리에게 일용할 양식을 주시옵고."

_ · _ · / _ / _ · _ / _ · _ / · · · · *_ / · · _ ·

___ ___ ___ ___ ___ ___ 과

· _ _ · / · · · · / _ · _ / · _ _ / · _

___ ___ ___ ___ ___ ☞ ___ ___ 과 ___ ___

"우리가 우리에게 죄 지은 자를 사하여 준 것 같이 우리의 죄를 사하여 주시옵고."

· _ _ · / · _ * · · _ / · _ · · / · _ / · _ _ / · * · · _ / · _ · ·

___ ___ ___ ___ ___ ___ ___ 과

_ · _ / _ · / _ · _ / _ _ · / _

___ ___ ___ ___ ___ ☞ ___ ___ ___ 과 ___ ___

"우리를 시험에 들게 하지 마시옵고, 다만 악에서 구하시옵소서."

·_··/····/_·_/····*_/··_·

____ ____ ____ ____ ____ ☞ ____ ____

"나라와 권세와 영광이 아버지께 영원히 있사옵나이다. 아멘."

·_··/···/_·_/·__/·*··_

____ ____ ____ ____ ____ ☞ ____ ____

대단해요! 통신 전문가가 다 되어가는 군요. 앞에서 여러분이 직접 정한 제목과 "Q"코스 안내서에서 정한 제목이 똑같지 않아도 괜찮아요. 다르다고 해서 답이 틀린 것이 아니니까요. 여러분이 다른 말을 썼더라도 단지 "Q"코스 안내서에서 제시한 제목과 같은 의미이면 돼요.

이제는 주기도문을 한 문장씩 소리 내어 읽고 나서 주제를 얘기해 봐요.

"하늘에 계신 우리 아버지, 이름이 거룩히 여김을 받으소서." 그러고는 "이 문장의 의미는 경배"라고 말하는 거예요. 다음 문장에서도 계속 이런 방법으로 주기도문을 읽어나가세요. 이 연습을 매일 반복한다면 예수님의 기도 법칙을 기억하게 되고, 그러다 보면 어떻게 기도할지에 대해 바로 알게 될 거예요.

재미로 한 번

이제 이 기술을 익혔으니 모스부호로 메시지를 어떻게 보내는지 배워보는 건 어떨까요? 먼저 친구나, 형제, 자매 혹은 부모님 중 한 명을 정하세요. 그리고는 손전등의 빛을 이용할 건지, 버저나 벨의 소리를 이용할 건지 선택하세요.

만약 버저나 벨을 선택했다면, 모스부호 해석 표(파트너도 갖고 있어야 함)를 보고, 점(·)을 나타낼 때는 짧게 튀는 소리, 대시(_)를 나타낼 때는 점을 나타내는 소리보다 세 배 긴 소리를 내보세요. 글자 사이에는 잠깐 쉬어 줘야 해요.(점을 나타내는 소리의 세 배 시간)

손전등을 이용해 메시지를 보내려면, 손전등을 바로 켰다 끄는 것이 점선의 표시고, 그것보다 세 배의 시간 동안 켰다가 끄면 대시 표시예요.

처음 배울 때는 **천천히** 해야 하고, 해석 표를 보고 글자를 알아내는 데에도 시간이 걸릴 거예요. 종이에다 펜으로 대시와 점을 적어가면서 해독해야 할 수도 있어요.

또, 긴 단어를 보내는 대신 자신만의 부호를 만들어서 축약어처럼 간추려 사용할 수도 있어요. 예를 들면, "도와주세요"라고 해야 할 때, 대신에 축약형으로 "119"만 치는 거예요.

친구와 같이 메시지 몇 개, 또는 기도의 주제들을 축약형 부호로 만들어보세요. 그럼 송신기(손전등이나 벨)를 갖고 재미있게 비밀 얘기를 나눠보세요.

여섯째 날

다시 훈련 지역으로

어제는 통신본부에서 예수님의 기도 법칙을 훌륭하게 해석해냈어요. 이제 우리가 무엇을 위해 기도해야 하는지 중요 주제들을 밝혀냈으니 다시 장비를 갖추고 훈련 지역으로 가요. 최고사령관님과 함께 명단에 이름을 적는 것은 잊지 않았겠죠?

그럼 이제 시작해요. 우리의 첫 번째 훈련 실습은 주기도문의 첫 번째 문장을 더 자세히 들여다보는 거예요.

"하늘에 계신 우리 아버지여, 이름이 거룩히 여김을 받으시오며."

예수님은 왜 이 문장으로 기도를 시작하셨을까요? 기도란 무엇인가요?

하나님은 어디에 계신가요?

하나님은 어떤 분이신가요?

진정한 기도는 아버지되신 하나님과 나누는 영적인 교제(하나님께 모든 것을 털어놓고 이야기하고 들을 수 있는 관계)예요. 그분은 늘 우리 곁에 계시고, 우리에게 관심을 갖고 염려하세요. 아버지와 아들이 친밀하고도 따뜻한 대화를 나누듯, 우리와 그런 시간을 갖고 싶어 하세요. 놀랍지 않나요? 우주를 다스리시는 분을 아버지라고 부를 수 있다는 사실이!

다음의 히브리서 11:6을 한 번 읽어보세요.

믿음이 없이는 하나님을 기쁘시게 하지 못하나니 하나님께 나아가는 자는 반드시 그가 계신 것과 또한 그가 자기를 찾는 자들에게 상 주시는 이심을 믿어야 할지니라.

하나님을 기쁘시게 하려면 무엇이 필요하다고 하나요?

....

믿음이란 무엇인가요? 훈련지침서(성경)의 히브리서 11:1을 보고 믿음이 무엇인지 적어보세요.

....

히브리서 11:6은 우리가 무엇을 해야 한다고 하나요?

....

히브리서 11:6은 우리가 무엇을 믿어야 한다고 하나요?

....

여기서 말하는 믿음은 하나님을 믿는 거예요. 우리가 하나님을 볼 수 없어도 하나님이 우리와 가까이 계심을, 그분이 말씀하신 것처럼 그분이 보답하시는 분이라는 것을, 그리고 성경에서 약속하신 것들을 이루시는 분이라는 것에 대해 확신하고 용기를 갖는 거예요.

이제 오늘 실전 훈련에서 배운 것들을 정리해보세요.

1. 우리는 하나님께 나 ___ ___ 야 한다.

2. 우리는 어떻게 하나님께 나아가는가? 우리가 가져야 할 것은? ___ ___

3. 하나님은 누구이신가? 어떤 분이신가?

우리에게 ___ ___ 하시는 분

하나님을 향한 믿음이 왜 기도의 시작인지 이해가 되나요? 하나님을 먼저 믿어야만 그분께 나아갈 수 있기 때문이에요. 이제 하나님께 나아가는 방법을 알았으니, 이번엔 하나님께서 무엇을 좋아하시는지 알아보도록 해요. 그러기 위해선 계속 그분의 말씀을 공부해야 해요. 하나님은 성경말씀을 그분 자신을 통해 우리에게 보여주시기 때문에 우리가 더 읽고 공부하면 할수록 우린 하나님이 누구신지에 대해 더 잘 이해하고 알 수 있어요. 엘리야가 하늘을 열고 닫을 수 있었던 것은 하나님의 위대하심에 대해 알고 있었기 때문인 것처럼요. 야고보서 1:17을 보세요.

온갖 좋은 은사와 온전한 선물이 다 위로부터 빛들의 아버지께로부터 내려오나니 그는 변함도 없으시고 회전하는 그림자도 없으시니라.

빛의 아버지에게서 오는 것은 무엇인가요?

빛의 아버지에 대해서 무엇이라 말하고 있나요?

그는 .... 도 없으시고 .... 도 없으시다.

이 말은 빛의 아버지께서 변함이 없으시다는 것을 의미해요. 하나님은 원래부터, 인격과 뜻이 한결같으신 분이세요. 어제도, 오늘도, 내일도 변함이 없으세요. 하나님께서 모든 완전한 선물을 주시는 분이고, 결코 변함이 없으신 분이라는 것을 알겠나요? 여러분은 자기 자신과 그 마음이 변함없으신 그분을 신뢰하고 의지할 수 있어요.

숙소로 돌아가서 오늘 배운 하나님께 나아가는 방법을 다시 생각해보는 시간을 가져보는 것은 어때요? 그리고 그분이 여러분을 향해 신실하시고 믿음직스러우시며, 완전하고 좋은 모든 선물을 공급해주시는 분임을 찬양하세요. 하루에 세 번 기도문 반복 연습하는 것도 잊지 말고요!

일곱째 날

유다의 지도자와 함께하는 실전 훈련

병사들, 기상! 최고사령관님께 신고식을 하고 짐을 챙기세요. 비타민과 미네랄이 가득 들어 있는 음료수와 초콜릿 챙기는 것도 잊지 마세요. 훈련장으로 가는 여러분의 체력과 정신을 지키는 데 도움이 될 거예요.

오늘은 유다의 통치자였던 여호사밧 왕이 하나님에 대해 무엇을 알고 있었는지를 찾는 것이 훈련 과제예요. 역대하 20:1-30을 읽어보세요.

모압 사람과 암몬 사람, 그리고 몇 마온 사람들은 무엇을 하려고 했나요?(20:1)

여호사밧은 어떤 마음이었나요?(20:3)

여호사밧이 한 일은 무엇인가요?(20:3)

유다 사람들이 한 일은 무엇인가요?(20:4)

여호사밧은 어떻게 기도를 시작하고 있나요?(20:6)

주기도문과 비슷한 점을 발견했나요? ....

여호사밧은 하나님께 어떻게 예배드렸나요? 6-12절에서 그가 하나님을 어떻게 묘사했는지 나열하세요.

6절: 우리 ________ 의 하나님

________ 에 계신 하나님

이방의 모든 왕국을 ______________고

________와 ________이(가) 주의 손에 있다.

아무도 주와 ________ ____________ 없다.

7절: 이 땅의 주민을 ______________ 하나님

그 땅을 아브라함의 자손들에게 영원히 ________ 하나님

9절: 우리의 고통을 부르짖으면

___________ 고 우리를 ___________시는 하나님

12절: 저들을 ________하시는 하나님

우리는 오직 주만 ______________이다.

우와! 이런 찬양의 기도가 또 있을까요! 하나님께서 이 기도에 응답하셨나요? 15-17절에서 하나님께서 하시는 말씀을 보세요.

15절: ______은 너희가 아니라 하나님께 속한 것이다.

17절: 서서 너희와 함께한 여호와가 ______하는 것을 보라.

여호와가 너희와 ______ 하리라.

여호사밧과 백성들은 어떻게 행동했나요?(20:18)

여호사밧은 그들에게 무엇이라고 말했나요?(20:20)

"너희는 너희 하나님 여호와를 ______하라."

"그의 선지자들을 ______하라. 그리하면 ______________."

군대 앞에서 나아간 자들이 무엇이라고 말했나요?(20:21)

"여호와께 ______하세, 그의 ____________이 ______하도다."

역대하 20:23-27에서는 무슨 일이 일어났나요? 그들은 형통했나요? 그들의 적군을 물리쳤나요?

정말 놀라운 일이에요! 여호사밧은 하나님을 아는 사람이었어요. 그에겐 믿음이 있었지요. 그는 두려움 속에서 하나님께 나아가 도움을 청하는 방법을 알고 있었어요. 먼저 그는 하나님이 어떤 분이신지에 대해 찬양했고, 그 후 도움을 구했어요. 능력없는 이스라엘에게 하나님이 필요하다고 말씀드렸어요.

여러분은 적군을 만났을 때 어떻게 맞설 건가요? 무엇을 해야 할지 어떻게 알 수 있을까요? 여러분은 하나님이 어떤 분이신지 알고 있나요? 하나님을 신뢰하겠어요? 만약에 하나님을 충분히 잘 알지 못한다는 생각이 들지라도 포기하지 마세요. 그분께 나아가서 그분을 더 잘 알기 원한다고 말씀드리세요. 그리고 지금처럼 계속 그분의 말씀을 공부하세요.

굉장한 실전 훈련이었어요! 계속 열심히 하세요. 가져온 초콜릿과 음료수를 먹기 전에 잠깐 오늘 하나님에 대해 배운 것들을 생각해보세요. 그분이 통치자이시고, 힘과 능력이 그분의 손에 있어요. 그럼 이제 가서 하나님 아버지께 기도 연습을 하세요. 크고 놀라운 하나님의 은혜와 능력을 찬양하세요!

2주

최고사령관님께 경배, 충성, 순종

대원들, 좋은 아침이에요. 여러분은 하나님의 특수부대원이 되기 위한 "Q"코스 훈련의 첫째 주 임무를 무사히 완수했어요. 정말 축하해요! 1단계 훈련을 받으며 훈련지침서를 가지고 정보를 모으고 관찰 기술을 익히는 동안 여러분이 얻은 능력이 얼마나 큰지 보세요. 이번 주에 우리는 최고사령관님께 가까이 나아가기 위해 우리 자신을 갖추어나가고, 사령관님께서 우리에게 지령을 내리시는 위급한 상황에 대처하는 훈련을 할 거예요. 또한 우리의 모든 통신을 기록하는 통신일지 작성법을 배워서 우리의 믿음을 강하게 하고, 최고사령관님의 나라에 충성하기 위해 갖춰야 할 것이 무엇인지 알아가야 해요. 자, 준비되었나요?

첫째 날

특수부대 구호

주목! 전체, 앞으로 가! 하나님의 특수부대 구호 시작!

하나님은 위대하시고, 하나님은 선하시다.
하나님은 언제나 너의 가까이에 계신다.
발맞추어, 하나, 둘
발맞추어, 셋, 넷
그에게 경배하고, 그 이름에 영광을,
처음부터 영원까지 변함이 없으시다.
발맞추어, 하나, 둘
발맞추어, 셋, 넷
모두 다 만세, 최고사령관이신 하나님
그의 아들에게 우리 믿음이 있네.
발맞추어, 하나, 둘
발맞추어, 셋, 넷
신호를 보내라, 봉화를 피워라,
기도하며 네 목소리 주께 높여라.
발맞추어, 하나, 둘
발맞추어, 셋, 넷

잘했어요. 우린 여러분이 너무나 자랑스러워요. 이제 다시 훈련 지역으로 돌아왔으니, 우리가 어제 어디까지 했는지 보도록 해요.

우린 기도가 아버지를 경배함으로써 시작한다는 것을 알았어요. 누군가를 경배한다는 것은 그의 가치를 인정하고, 그에 마땅한 명예와 존경을 드리는 거예요. 바로 하나님이 어떤 분이신지를 찬양하는 거죠. 이것이 바로 여호사밧이 하나님께 도움을 청하기 전에 했던 일이에요. 그는 하나님이 어떤 분이신지를 기억하면서 기도를 시작했어요. 다음에 나와 있는 다니엘 4:34-35을 보세요.

34 정해진 기간이 지나자 나 느부갓네살은 하늘을 우러러보고 정신을 되찾을 수 있게 되었다. 나는 지극히 높으신 하나님, 영원히 살아 계신 분에게 찬양과 영광을 돌렸다. 하나님의 다스리심은 영원하며 그의 나라는 대대로 이어질 것이다. 35 그는 땅의 백성들을 없는 것같이 여기시며, 하늘의 군대와 땅의 백성들을 뜻대로 다루신다. 어느 누구도 그가 행하시는 일을 막을 수 없으며, 어느 누구도 무엇을 행하셨느냐고 물을 수 없다. _쉬운성경

느부갓네살이 우러러 본 곳은 어디인가요?(4:34)

....

그가 지극히 높으신 자에게 한 일은 무엇인가요?

....

지극히 높으신 자가 행하시는 일은 무엇인가요?(4:35)
"하늘의 군대와 땅의 백성들을 .... 대로 다루신다."

느부갓네살은 하나님의 가치를 인정했나요? ....

그래요, 이 구절은 예수님께서 제자들에게 가르치셨던 것처럼, 느부갓네살이 하

늘을 우러러보며 하나님을 찬양하고 송축하는 모습을 보여주고 있어요. 주기도문의 첫 번째 문장을 다시 보도록 해요.

"하늘에 계신 우리 아버지여, 이름이 거룩히 여김을 받으시오며"

이 문장은 하나님이 우리 아버지시라는 것을 보여줄 뿐만 아니라, 하나님이 하늘의 모든 크고 작은 일들을 다스리신다는 것을 깨닫게 해줘요. 즉, 하나님의 이름이 어떻게 대우받아야 하는지 가르쳐줘요. 그의 이름은 신성히 여김을 받아야 해요. 아주 특별한 것으로서, 그 어떤 것보다 경배 받아야 해요.

왜냐하면 하나님이 그런 분이시기 때문이에요. 하나님은 우리의 최고사령관이시고, 우리의 완전한 통치자, 모든 능력과 힘을 가지신 분이세요. 군인이 자신에게 명령을 내리는 장교를 어떻게 대하는지 보세요. 군인은 언제든지 지휘관을 만났을 때는 재빨리 차렷하고 존경의 표시로 오른손을 들어 경례를 해요. 명령에 따르지 않고 자기 맘대로 행동하고, 지휘관에게 함부로 말하는 걸 보았나요? 절대 아니에요! 군인은 자신의 지휘관에게 존칭을 써서 대답해요.

군인이 그의 지휘관을 대할 때 그에 합당한 존경을 표하면서 경례하는 것처럼, 우리도 언제나 겸손한 마음으로 최고사령관님을 존경해야 해요. 그분께 기도드릴 때, 그분을 경배하고 찬양하며 나아가야 해요.

자, 이제 출애굽기 20:7에서 하나님께서 모세에게 뭐라고 하셨는지 볼까요?

너는 네 하나님 여호와의 이름을 망령되게 부르지 말라 여호와는 그의 이름을 망령되게 부르는 자를 죄 없다 하지 아니하리라. *망령되게 : 함부로

하나님께서 모세에게 하지 말라고 하신 것은 무엇인가요?

만약 그것을 한다면 무슨 일이 있을까요?

왜 그런지 알겠나요? 하나님의 이름을 망령되게 일컫는 것은 그 이름을 경배하는 것과 반대되는 거예요. 하나님의 진리를 불신하고, 부인하고, 거짓되게 말하는 거예요. 주님의 이름은 단순한 명칭이 아니고, 하나님을 잘 알 수 있도록 우리에게 보여주신 상징적 의미예요. 그분의 이름이 그분이 누구신지를, 그분의 성품을 우리에게 가르쳐줘요.

여러분이 하나님께서 그분 자신에 대해 말씀하신 것을 믿지 않을 때나, 그분을 잘못 생각할 때가 바로 그분의 이름을 망령되게 일컫는 거예요. 하나님의 이름들 중 하나는 **'그분이 우리의 공급자시다'**라는 것을 알고 있나요? 그래서 여러분이 "하나님은 나에게 무엇이 필요한지 관심이 없으셔"라고 말하는 것은 하나님을 잘못 생각하는 거예요. 하나님을 불신하고 그분의 이름을 망령되게 일컫는 거예요.

하나님의 이름을 망령되게 일컫는 또 하나의 경우는 하나님의 이름을 걸고 맹세하는 것이나, 그분의 이름을 자기도 모르게, 혹은 속된 말로 사용하는 거예요. 그리스도인인 우리가 거룩하신 하나님의 이름을 경솔하거나 나쁜 의도로 사용하는 것은 그

분을 잘못 대하는 것임을 알아야 해요. 이제부터라도 조심하기를 바래요. 하나님의 이름을 더럽히는 것이 곧 하나님을 더럽히는 것임을 명심하세요.

여러분은 하나님의 이름을 어떻게 대하고 있나요?

- 여러분은 그분의 이름을 경배–존경하고 영광을 돌리는–하고 있나요? 아니면,

- 그분의 이름을 망령되게 일컫고 있나요? 그분의 이름으로 함부로 맹세하거나, 그분의 이름을 가볍게 사용하거나, 그분이 스스로 어떤 분이신지 말씀하신 것을 믿지 않나요?

그동안 하나님의 이름을 어떻게 대해 왔는지 생각해보세요.

자, 이제 하나님의 이름이 얼마나 중요한 것인지 알았으니, 그분의 이름에 대해서 배워 볼래요? 그분이 누구신지 알지도 못하면서 어떻게 경배하고 찬양할 수 있겠어요? 하나님의 이름을 배워 보고 그 의미가 무엇인지 알아본다면, 우리의 최고사령관님을 찬양으로 경배할 수 있을 거예요. 훈련지침서를 보면서 우리 최고사령관님이 얼마나 대단하신 분인지 알아보도록 해요.

하나님의 이름은 엘 엘리온(El Elyon)이에요. 창세기 14:18–20을 찾아서 읽어 보세요.

이 구절에서 하나님을 무엇이라 부르고 있나요?

1. __________ __________ 하나님

이 말은 하나님께서는 통치하시는 분이란 의미예요. 모든 것이 하나님의 손 안에 있고 그분이 모든 것을 다스리세요. 그분이 말씀하신 일이라면, 그분이 꼭 이루시죠. 그분의 계획은 언젠가는 현실로 나타나요. 하나님이 온 땅을 지배하세요. 앞에서 다니엘 4:34-35의 느부갓네살을 보면서 우린 이 이름을 봤어요.

하나님의 이름은 여호와 라파(Jehovah Rapha)예요. 출애굽기 15:26을 찾아서 읽어보세요.

2. 나는 너희를 _______하는 여호와임이니라.

하나님은 우리의 의사이세요. 그분은 우리의 몸과 영혼을 치유할 수 있는 분이세요. 그분은 우리를 죄에서 깨끗케 해주실 수 있는 유일한 분이세요.

하나님의 이름은 엘로힘(Elohim)이세요. 창세기 1:1을 찾아 읽어보세요.

태초에 하나님께서 하신 일이 무엇인가요? 그는 천지를 ____________. 이 사실이 하나님에 대해 우리에게 가르쳐주는 것은 무엇인가요?

3. 하나님은 ___ ___ ___ 이시다. (ㅏ ㅈ ㅏ ㅗ ㅊ ㅇ ㅈ)

(괄호 안의 자음과 모음을 모아서 답을 만드세요.)

하나님의 이름은 여호와 닛시(Jehovah Nissi)예요. 출애굽기 17:9-15을 찾아 읽어보세요.

출애굽기 17:15에서 모세는 제단의 이름을 뭐라고 지었나요?

4. 그 이름을 ______________ ___________ 라고 했다.

깃발은 하나의 상징이었어요. 고대에는 깃발을 햇빛에 반짝이는 장식물과 함께 봉에 걸어두기도 했어요. 오늘날에 깃발은 군기와 같아요. 군기는 행렬을 구분하기 위해 맨 앞에서 행군하는 병사가 들고 가거나, 전쟁터에서 군인들을 다시 모으는 지점의 표시가 되었어요.

출애굽기 17:9-15에서 이스라엘이 아말렉과 싸우고 있었을 때, 모세가 손을 들고 있으면 전투가 이스라엘의 승리로 기울었어요. 그러나 그가 지쳐서 손을 내려놓으면 이스라엘이 지기 시작했어요.

전투가 끝나고 이스라엘이 승리하자, 모세는 제단을 쌓고 그곳의 이름을 "주님은 나의 깃발이시다"라고 지었어요. 전투가 주님의 것이었음을 나타내는 거예요. 주님이 높임을 받으셨을 때 승리가 따라왔어요. 이 이름은 깃발이 병사들을 앞서 가듯이 하나님께서도 우리보다 앞서 가셔서 전쟁을 승리로 이끄신다는 사실을 가르쳐줘요.

하나님은 전쟁터에서 우리의 승리가 되세

요. 우리는 적과 맞서게 되었을 때 항복할 필요가 없어요. 하나님의 병기를 차고 깃발을 높이 드세요. 그리고 용감하게 나가 싸우세요. 우리는 하나님의 특수부대원들이에요. 그분이 우리의 깃발이시기에, 우리는 주님과 그분의 능력 안에서 강한 군사가 될 수 있어요.

하나님의 이름은 여호와 이레(Jehovah Jireh)예요. 창세기 22:14에서 아브라함은 그 장소를 무엇이라고 이름했나요?

5. 하나님께서 ____________하신다.

여호와 이레의 하나님은 예수님의 죽으심으로 우리를 죄에서 구원하실 뿐만 아니라, 우리에게 필요한 모든 것을 공급해 주세요. 그분은 우리에게 직업이나 입을 옷이나 먹을 음식과 같은 것들을 주시는 것은 물론, 우리가 어려운 일을 겪을 때 도움이 되시고, 우리가 연약할 때는 힘을 주신답니다. 그분은 우리의 공급자가 되세요.

하나님의 이름은 여호와 삼마(Jehovah Shammah)예요. 에스겔 48:35에서 나온 성읍의 이름은 무엇인가요?

6. ____________

하나님의 이름은 그분이 언제나 함께하신다는 것을 알려주세요. 상처를 받았거나 홀로 버려진 것 같은 생각이 들 때, 우리는 여호와 삼마라는 하나님의 이름, 즉 우리는 혼자가 아니라는 사실을 기억해야 해요. 그분은 여러분을 결코 잊지 않으세요. 우주를 다스리시는 전능의 하나님이 여러분과 함께 하세요. 여러분이 어딜 가든지.

하나님의 이름은 여호와 샬롬(Jehovah Shalom)이에요. 사사기 6:24에서 나온 제단의 이름은 무엇인가요?

7. __________

우리가 진정한 평화를 찾을 수 있는 곳은 오직 우리 주 하나님밖에 없어요. 우리가 두려움 속에서 어렵고 힘든 길을 갈 때, 우리의 평안되신 하나님을 기억하고 그분께 달려가야 해요.

하나님의 이름은 여호와 라아(Jehovah Roah)예요. 시편 23:1을 보면 하나님을 무엇이라고 했나요?

8. 주님은 나의 _________ 시니, 내게 부족함이 없으리로다.

하나님께서는 그분의 말씀 속에서 끊임없이 우리가 양과 같은 존재라고 말씀하세요. 양은 가장 연약하고, 겁 많고, 자신을 지킬 능력이 없어서 변함없는 돌봄과 관심이 필요한 동물이라는 걸 아나요? 바로 이것이 우리에게 목자가 필요한 이유예요. 양에게 목자의 돌봄이 필요한 것처럼, 우리도 우릴 사랑으로 인도하시고, 우리의 모든 필요를 돌보시며, 악으로부터 보호하시는 그분의 손길이 필요해요.

하나님의 이름은 여호와 칫케누(Jehovah Tsidkenu)예요. 예레미야 23:6은 하나님 이름을 무엇이라 하나요?

9. 그의 이름은 여호와 ______ ____라 일컬음을 받으리라.

하나님의 이름은 그분이 우리의 의로움이시라고 가르쳐주세요. **의롭다는 것은 하**

나님 앞에 올바르고, 그분이 옳다고 하시는 것을 행하며, 그분의 기준을 따라 사는 거예요. 하나님이 우리를 어떻게 의롭게 해주실까요? 바로 우리를 죄로부터 구원하시기 위해 십자가에서 죽으신 예수님의 희생 덕분에 우리의 죄 값이 치러지고, 여호와 칫케누의 하나님 앞에 우리가 올바르게 될 수 있었어요.

그럼 이제 위에서 적은 답과 하나님의 이름을 잘 정리해보세요.

1. 엘 엘리온 - __________ __________ 하나님
2. 여호와 라파 - ______하시는 하나님
3. 엘로힘 - __________
4. 여호와 닛시 - _______
5. 여호와 이레 - _______
6. 여호와 삼마 - _______
7. 여호와 샬롬 - _______
8. 여호와 라아 - _______
9. 여호와 칫케누 - _______ ____

우리의 최고사령관님께서 이 모든 이름들을 갖고 계시다는 사실을 알고 있었나요? 그분의 이름을 통해 하나님께서 어떤 분이신지 알 수 있다는 사실이 참 멋지지 않나요? 아래에 나오는 9가지 하나님의 이름을 다시 한 번 정리하며 오늘 배운 것을 복습해보세요.

하나님은 가장 **높으신** 하나님(엘 엘리온), **치료하시는** 하나님(여호와 라파), **창조자**(엘로힘), 우리의 **깃발**이신 하나님(여호와 닛시), **공급자**이신 하나님(여호와 이레), **함께하시는** 하나님(여호와 삼마), **평강**이신 하나님(여호와 샬롬), **목자**이신 하나님(여호와 라아), 우리의 **의로움**이신 하나님(여호와 칫케누)이세요.

매일 하루에 세 번씩 이 이름들을 소리내어 말하며 여러분의 마음에 새겨질 때까지 계속 연습하세요. 그러면 하나님이 어떤 분이신지를 알고, 기도 중에 그분께 경배드릴 수 있게 될 거예요.

반복 연습을 제대로 하고 있군요! 그건 그렇고, 예수님의 기도 법칙(주기도문)과 그 속의 주제들을 연습하는 것도 빼먹지 않았겠죠? 하나님의 특수부대원이 되는 훈련을 완수하려면 이 연습들을 잊지 말고 하도록 해요.

둘째 날
목적지 도달 훈련

오늘 우리는 작전 경로를 따라 예정된 곳에 도달하는 훈련을 하게 될 거예요. 목적지 도달 작전은 멀리 해외까지 가야 하는 실전 임무예요. 하나님의 특수부대원으로서 최고사령관님을 모시는 중에 어떤 힘들고 어려운 상황에도 대처할 수 있도록 필요한 모든 것을 갖추고 있어야 해요.

위기의 순간에 누구를 의지할 건가요? 여러분 자신? 동료 부대원? 아니면 여러분의 최고사령관님인가요?

그럼 이제 히스기야 왕이 자신의 왕국이 처한 위기를 어떻게 해결해 가는지 알아보도록 해요. 배낭을 들고 이동할 준비를 하세요.

이제 훈련을 시작해도 되겠죠? 하나님의 특수부대로서 위기 대처법을 배우기 위한 첫 번째 과제는 이사야 36장을 찾아보는 거예요. 하지만 그 이전에 문맥의 흐름을 집어보는 것이 좋겠죠.

역사적으로 이 시대의 이스라엘은 10개 지파로 이뤄진 북 이스라엘과, 나머지 유다와 베냐민의 두 지파로 이뤄진 남 유다, 두 왕국으로 갈라져 있었어요. 앗수르는 이미 북 이스라엘을 점령했고, 이제 남 유다를 위협하고 있었어요.

이것을 염두에 두고 이사야 36장을 읽으면서 다음의 중심 단어들에 표시하세요. 중심 단어에 해당하는 대명사도 함께 표시하는 것 잊지 마세요. 그리고 시간을 나타내는 부분에는 초록색 시계  를 표시하고 장소를 나타내는 부분에는 초록색으로 밑 줄 두 개를 그어 표시하세요.

랍사게 ☞ 주황색으로 색칠　　히스기야 왕 ☞ 연두색으로 색칠

산헤립, 앗수르 왕 ☞ 갈색으로 색칠　　건지다 ☞ 파란색 테두리에 빨강으로 색칠

자, 이제 관찰작업을 하면서 육하원칙으로 정리해보세요.

앗수르 왕 산헤립이 유다를 점령하기 위해 그 성읍들을 공격한 때는 언제인가요?(36:1) .... 왕 .... 년에

앗수르 왕이 대군과 함께 히스기야 왕에게 보낸 사람은 누구인가요?(36:2)

....

랍사게가 말하는 것을 듣고자 그에게 나아간 이들은 누구인가요?(36:3)

랍사게는 성을 점령하겠다고 위협했나요?(36:4-14)

랍사게는 히스기야가 무엇을 하지 못할 것이라고 했나요?(36:14)

히스기야가 의뢰(신뢰)하는 분은 누구였나요?(36:15)

하나님에 대한 랍사게의 태도는 어떤가요?(36:18-20)

그들은 어떻게 대답했나요?(36:21)

왜 그렇게 대답했나요?(36:21)

엘리아김과 셉나, 요아는 랍사게의 말을 고하러 누구에게 갔나요?(36:22)

랍사게가 큰 군대를 거느리고 예루살렘으로 온 이유는 히스기야 왕과 그의 백성들을 위협하기 위함이었어요. 지금까지 앗수르 왕을 막을 수 있는 나라가 없었기 때문에, 그는 이스라엘 백성들도 히스기야가 여호와께서 이스라엘을 건지실 거라고 하는 말을 듣지 말라고 했어요. 백성들은 어떻게 반응했나요? 그들은 왕의 명령에 순종했나요? ....

그래요. 왕은 그들에게 아무런 대답도 하지 말라고 했고, 그들은 그대로 했어요. 그러고 나서 엘리아김과 셉나, 그리고 요아는 누구에게로 갔나요? 바로 그들의 에게, 즉 그들의 최고사령관에게 갔어요. 놀랍지 않나요! 정말 급박한 위기 속에서 그들은 그들의 왕에게 바로 나아간 거예요!

그렇다면 히스기야 왕이 취한 행동은 무엇이었을까요? 내일 목적지 도달작전 훈련을 계속하면서 알아보도록 할게요.

셋째 날

왕의 대처 방법 알아보기

좋아요, 대원들! 위기의 순간에 어떻게 해야 할지 알아보기 위해 다시 현장에서 훈련을 시작할게요. 최고사령관님께서 내리는 명령에 즉시 반응하고 실행하기 위해서는 완전히 훈련된 상태에서 경계를 늦추지 말아야 해요.

그럼 장비를 갖추고 히스기야 왕이 왕국의 위기 속에서 어떻게 대처하는지 더 알아보도록 해요.

이사야 37장을 읽으면서 중심 단어와 그 대명사에 표시하세요. 시간과 장소를 알려주는 것에 각각 초록색 시계 와 초록색 밑 줄을 두 개 그어서 표시하는 것도 잊지 마세요.

랍사게 ☞ 주황색으로 색칠

히스기야 왕 ☞ 연두색으로 색칠

앗수르 왕, 산헤립 ☞ 갈색으로 색칠

이사야 ☞ 파란색으로 색칠

건지다 ☞ 파란색 테두리에 빨간색으로 색칠

기도 ☞ 보라색 테두리에 분홍색으로 색칠

남아있는 자 ☞ 파란색 상자 만들고 중간에 '/' 긋기

자, 이제 왕의 대처 방침에 대한 관찰작업을 계속해요. 육하원칙으로 정리하세요.

히스기야 왕은 랍사게의 말을 듣고 무엇을 했나요?(37:1)

자기의 .... 을 ....

.... 을 입고 .... 으로 갔다.

히스기야 왕은 엘리아김과 셉나를 누구에게로 보냈나요?(37:2)

....

그들은 이사야에게 무엇을 해달라고 얘기했나요?(37:3-4)

.... 를 위하여 .... 하시더이다.

이사야가 히스기야 왕에게 고하라고 한 말은 무엇이었나요?(37:6)

....

랍사게가 히스기야 왕에게 보낸 메시지는 무엇이었나요?(37:10-11)

너는 네가 신뢰하는 .... 이 .... 이 .... 의 손에 넘어가지 아니하리라 하는 말에 .... 앗수르 왕들이 모든 나라에 어떤 .... 을 행하였으며 그것을 .... 멸절시켰는지 네가 들었으리니, 네가 .... 구원을 받겠느냐?

히스기야는 그 메시지를 듣고 어떻게 행동했나요?(37:14)

히스기야 왕은 무엇을 했나요?(37:15)

....

히스기야 왕은 하나님께 어떻게 나아갔나요?(37:16-20)

....

히스기야의 기도는 어떤 점에서 주기도문을 생각나게 하나요?
두 기도의 닮은 점은 무엇인가요?

....

....

히스기야 왕이 기도 중에 사용한 하나님의 이름은 무엇인가요?(37:16)

....

여기에서 말하는 하나님의 이름은 **여호와 체바오트**(Jehovah Sabaoth), 즉 "만군의 주"라는 뜻이에요. 이 이름은 하나님이 우리의 구원자이심을 가르쳐줘요. 우리가 실패와 부족함 속에 아무런 도움도 얻지 못할 때, 만군의 주이신 여호와 체바오트가 우리와 함께 하세요. 우린 그분께 달려가야 해요. 그분만이 우리를 구원하실 분이니까요.

우와, 히스기야 왕이 위기가 닥쳤을 때 어떻게 대처했는지 보세요! 그는 "난 왕이니까 이 정도는 해결할 수 있어"라고 말하거나, 당황하고 도망치지도 않았어요. 대신에 그는 앗수르 왕의 글을 들고 만군의 주님께로 달려가 그것을 펼치고 경배 드렸어요.

그가 하나님께 말했어요. "보소서, 주님. 나는 당신께서 홀로 땅의 모든 나라들 위에 계신 분이심을 압니다. 하지만 앗수르의 왕, 산헤립이 하는 말을 들어보소서. 그는 다른 모든 나라를 점령했으니 다음은 이스라엘 차례고, 주님께서는 우리를 구원하지 못하신다고 말합니다."

히스기야는 하나님께서 그들을 구원하셔서 하나님이 홀로 이 땅 모든 나라의 신이심을 알도록 해달라고, 자신이 구하는 바를 명확하게 말씀드렸어요.

그 결과는 무엇이었나요? 하나님께서 히스기야 왕의 기도에 어떻게 응답하셨는지, 이사야 37:31-36을 찾아보세요.

31절: 유다 족속 중에 피하여 ....는 다시 아래로 .... 위로 ....리니

33절: 앗수르 왕은 ....에 이르지 못하며, ...도 이리로 쏘지 못하며, ...를 가지고 성에 가까이 오지도 못하며, ...을 쌓고 치지도 못할 것이요.

35절: 하나님께서 이 성을 ....하며 ....하리라.

36절: 여호와의 사자가 나가서 앗수르 진중에서 ______________ 을 쳤으므로,

아침에 일찍 나가서 본즉 ________ 이라.

앗수르 왕 산헤립은 어떻게 되었나요?(37:37-38)

____

정말로 대단한 능력의 기도예요! 하나님께서는 그들을 구원하셔서 살아남게 하셨어요. 그분은 앗수르의 산헤립 왕이 그 성에 침입하여 정복하지 못하도록 하셨어요. 대신에 그분은 그 성을 보호하고 구원하셨어요. 그분은 사자를 보내어 앗수르 사람 18만 5천명을 죽이셨어요. 그 후 산헤립 왕이 집으로 돌아갔을 때, 그는 아들에게 죽임을 당했어요.

여러분의 최고사령관님께서 여러분에게 목적지 도달 작전을 명하셨을 때, 다음과 같은 위기 상황이 찾아온다면 여러분은 어떻게 대처할 건가요?

만약 여러분의 친구가 여러분을 비판하거나 놀린다면, 어떻게 하겠어요? 화를 낼 건가요? 친구를 때릴 건가요? 여러분도 똑같이 친구를 놀릴 건가요? 아니면 그냥 무시할 건가요? 여러분이 어떻게 할지 적어보세요.

____

우리가 어제 엘리아김과 셉나, 요아에 대해 살펴본 것을 떠올려보세요. 그들은 한 마디도 대답하지 않고 바로 그들의 왕에게 달려갔어요.

히스기야 왕은 무엇을 했나요? 그는 하나님께 달려가 그분께 경배를 드렸어요. 정

말 놀랍지 않나요? 그리고 그는 하나님께 앗수르 왕이 한 말을 아뢰고 그들을 구원해주시길 구했어요.

여러분의 왕은 누구인가요? 여러분의 최고사령관님인가요? ……………………

다음번에 누군가 여러분을 놀리거나 괴롭히는 어려운 상황에서는, 바로 하나님께 달려가 그분께 경배를 드리세요. "내가 주를 찬양합니다. 이는 내가 신기하고 놀랍게 만들어졌기 때문입니다. 주께서 하신 일들은 놀랍습니다. 나는 그것을 알고 있습니다."(시편 139:14, 쉬운성경)

랍사게나 앗수르 왕과 같은 사람들에게 걸려들지 마세요. 하나님이 누구신지 기억하세요. 하나님은 전지하신(모든 것을 다 아시는) 분이세요. 그분은 이미 그들이 하는 말을 들으셨어요. 그분은 만군의 여호와시고 여러분의 구원자이세요. 또한 여러분의 창조자이신 걸 기억하세요. 그분이 여러분을 특별하게 만드셨고, 여러분을 있는 그대로 사랑하세요!

자, 이제 휴식을 취하면서 간식을 먹는 건 어때요? 아! 그 전에 여러분의 최고사령관님을 경배하는 시간을 가지세요.

넷째 날

기도일지 기록하기

어제 위기 상황에서 통신기술을 익히는 훈련 현장에서는 아주 훌륭한 모습을 보여 주었어요. 이제 다시 물통에 물을 채우고 훈련지침서를 챙기세요. 훈련 현장으로 나가서 우리의 최고사령관님을 경배하는 법과, 기도일지를 기록하는 법을 배우도록 해요.

히스기야의 기도를 공부하다가 혹시, 그가 똑같은 말을 반복하면서 하나님을 찬양하지 않았다는 것을 발견했나요? 그는 "하나님, 당신을 찬양합니다! 당신을 찬양합니다!"와 같이 한 것이 아니라, 하나님의 성품과 일하시는 방법들을 하나하나 조목조목 말하면서 하나님을 찬양했어요.

하나님을 믿지 않는 사람들은 그들의 신에게 경배할 때, 억지로 열광하면서 같은 단어들을 반복하고 또 반복해요. 하지만 이것은 하나님이 원하시는 경배의 방식이 아니에요. 마태복음 6:7에서 우리가 배운 것을 기억해봐요. 그 말씀에서 예수님은 제자들에게 **중언부언**(의미 없이 말을 반복)하지 말라고 하셨어요. 우리는 계속 똑같은 단어나 문장을 반복하면서 하나님을 경배하지 말아야 해요.

성경에 반복적으로 사용된 구절들이 있지만, 이런 경우는 어떤 절대적인 사실을 **강조해서** 표현하려고 사용된 거예요. 이사야 6장에 스랍들이 하나님께 외쳐서 말했던 "거룩하다, 거룩하다, 거룩하다, 만군의 여호와여"처럼요. 이것은 중언부언한 것이 아니라, 오히려 하나님의 거룩하심을 강조하기 위해 세 번 반복된 거예요.

그렇다면 이제 훈련현장으로 가서, 두 명의 하나님의 특수부대원인 예레미야와 다니엘이 어떻게 최고사령관님께 나아갔는지를 알아볼까요? 예레미야 32:16-25을 찾아 읽어보세요.

예레미야는 하나님께 어떻게 나아갔나요?

....

예레미야는 하나님의 위대하심에 대해 말하고, 그분의 하신 일들을 기억함으로써 하나님을 경배했나요, 아니면 단지 찬양의 단어들을 계속 반복했나요?

....

다니엘 2:19-23을 찾아 읽어보세요. 다니엘은 밤에 이상으로 기도 응답을 받은 후에 하나님께 어떻게 반응했나요?

다니엘 2:19 - 다니엘이 하늘에 계신 하나님을 ....

다니엘 2:23 - 다니엘은 주께 .... 하고, 주를 .... 했어요.
하나님께서 이제 그에게 .... 와 .... 을 주시고 하나님께 구한 일을 그에게 알게 하셔서 느부갓네살의 꿈을 알게 해주셨기 때문이에요.

위의 말씀들로 미루어 보아, 다니엘이 하나님을 경배한 방법은 무엇이었나요? 같은 말의 반복인가요, 아니면 기도 가운데 하나님의 성품에 대해 하나하나 말한 것인가요?

....

다니엘 9:3-19을 찾아 읽어보세요. 다니엘은 기도 가운데 하나님을 어떻게 찾았나요?

다니엘 9:3 - ....하며..............을 입고..........를 덮어 쓰고

주 하나님께..............하며............하기를 결심하고

다니엘 9:4에서 다니엘이 기도 중에 한 다른 일은 무엇인가요? 그는 그의 기도를 어떻게 시작했나요?

"............... ....주 하나님"

이런 행위를 뭐라고 하나요?(괄호 안의 자음과 모음을 사용하여 단어를 완성하세요)

다니엘은 하나님을..............했어요.(ㅑㅇㄴㅊㅇㅏ)

다니엘 9:4-5을 읽고 답하세요.

"우리는 이미...............하여...............하며

...............하며...............하여"

이런 행위는 무엇인가요?(괄호 안의 자음과 모음을 사용하여 단어를 완성하세요)

다니엘은 이스라엘의 죄를..............했어요.(ㅐㄱㅗㅂㄱ)

다니엘과 예레미야는 모두 하나님이 어떤 분이신지 고백하고 그분이 행하신 일을 경배하고 찬양하면서 하나님께 나아갔으며, 의미없는 말을 계속 반복하지 않았어요. 마지막 기도에서 우리는 다니엘이 경배하는 모습뿐만 아니라, 경배하면서 주님 앞에 자신을 겸손히 낮춰서 금식하며 베옷을 입고 재를 뒤집어쓰는 모습을 볼 수 있어요. 하나님을 경배한 후에, 그는 이스라엘의 죄악을 고백했어요. 그는 하나님께 용서를 구하고 기도에 응답해주시기를 간청했는데, 그가 받을 만했기 때문이 아니라, 바로 하나님이 그런 분 – 긍휼의 하나님 – 이심을 의지한 거예요.

만약에 여러분이 경배를 받는 입장이라면, 여러분은 어떠한 경배를 받고 싶나요? 다니엘과 예레미야처럼 하나님의 성품과 행하신 일이나 약속들을 갖고 하는 것과, 단지 "당신을 찬양합니다"만 되풀이하는 것 중에 말이에요. 명심하세요. 누군가를 경배한다는 것은 경배하는 대상의 가치를 안다는 거예요. 어떤 방법이 하나님의 가치를 높이는 것이 될까요?

....

그렇다면 우리가 하나님을 그분의 성품으로 인해 경배하려고 할 때, 우리가 알아야 할 것이 무엇인가요? 맞아요, 그거예요! 하나님을 알아야 해요. 그런데 하나님은 어떤 방법으로 자신을 드러내시나요?

그분의 ....을 통해서(ㅁ_ㅆㅏㄹㅁ).

지금까지 최고사령관님께 나아가는 방법은 경배하며 그분의 이름을 높이고, 겸손한 자세로 그분의 성품과 하신 일과 약속들을 말씀드리는 것이라고 배웠어요. 이제 이 통신 기술을 연습할 때예요.

그 전에 먼저 기도일지를 기록하는 법을 배워야 해요. 사령부에서 이뤄지는 모든 통신들이 일지에 기록되고 있다는 걸 알고 있었나요? 사령부에서 보내고 받는 모든 통신들을 기록하는 것은 매우 중요한 일이에요.

하나님 특수부대원의 일지는 단지 최고사령관님과의 통신을 계속 기록하기 위한 목적뿐만 아니라, 우리의 최고사령관님이 누구이시며, 어떻게 우리의 믿음을 강하게 해주셨는지를 돌아보면서 위기의 순간을 이겨내는 힘이 되어 주기 때문이기도 해요.

병사 여러분, 그럼 우선 새 노트를 준비하세요. 자신이 쓰기 편리한 노트를 구입하거나 직접 만들어서 예쁘게 꾸며도 좋아요. 밑에 있는 공급 목록과 설명서를 읽으면 노트를 만드는 데 도움이 될 거예요.

공급 목록

A4용지 크기의 마분지 두 장

A4용지 크기의 색도화지 10-15장

흰 종이 10-15장

풀이나 테이프, 가위, 펜, 색 있는 펜, 연필, 사인펜, 리본, 구멍 뚫는 펀치

인화지나 천

- 두 장의 마분지를 인화지나 천으로 덮으세요. (마분지가 없으면, 색도화지를 펜이나 스티커로 꾸며서 사용해도 좋아요)
- 다음에는, 흰 종이가 색도화지 안에 붙여졌을 때 색도화지의 테두리가 보일 정도의 크기로 잘라요.
- 흰 종이를 색도화지에 붙여요.

- 마분지와 색도화지의 왼쪽 끝에 펀치를 이용해 세 개의 구멍을 뚫어요.
- 표지로 만든 두 장의 마분지(또는 색도화지) 사이에 색도화지를 끼워서 합쳐요.
- 리본을 잘라 각각 세 개의 구멍에 넣어 묶어서 튼튼하게 기도일지를 완성시키세요.

자, 기도일지가 만든 것이든 산 것이든, 이제 한번 사용해보세요. 일지의 첫 페이지를 펴서 제목을 **"경배와 찬양"**이라고 적으세요. 여러분이 하고 싶은 독창적인 방법으로 해보세요. 매직이나, 색연필, 펜, 스티커, 직접 그린 그림들을 사용해서 꾸며도 좋아요.

다음엔, 여러분이 하나님에 대해 아는 대로 모두 적으세요. 엘로힘-하나님은 땅과 하늘을 지으신 창조자-과 같이 하나님의 이름을 적어도 좋아요. 이 경우엔 하나님이 창조하신 것(태양, 동물, 나무, 사람 등)에 대한 사진을 붙여도 좋아요.

또한 시편을 읽어보고 하나님에 대해 배운 내용을 적어도 좋아요. 히스기야의 기도에서 여러분이 배운 내용으로 목록을 만들어도 좋고, 아니면 가나다순으로 찬양의 단어들을 생각해서 적어 내려갈 수도 있어요. 이를 테면, 'ㄱ'의 경우, "하나님, 당신은 강하십니다", "하나님, 당신은 광대하십니다", "하나님, 당신은 기묘하십니다" 등이 되겠지요. 그리고 다음 자음으로 넘어가면 돼요.

이 과정을 모두 마치고 나면 여러분이 언제든지 기도일지에 적어 놓은 찬양의 방법들과 하나님의 성품들을 보면서 하나님을 경배하는 데에 도움을 얻을 수 있을 거예요.

제대로 해냈군요, 이제 통신 전문가가 다 되어 가네요!

다섯째 날

장애물 넘기

꽉 잡아요, 병사들! 정말 잘하고 있지만, 조금만 더 해야 해요. 거의 다 왔어요. 더 힘을 내요. 여러분은 할 수 있어요! 그래요! 드디어 벽 끝까지 올라왔어요. 이제 심호흡을 크게 하고 장애물 코스를 정복하도록 해요.

어이쿠, 꽤 어려운 것이었는데 해냈군요! 벽을 다 올라와서 이 코스를 해냈어요. 물통을 꺼내 물을 한 모금 마시고, 숨을 고른 후에 다음 코스로 가서 최고사령관님과의 통신을 방해하는 모든 장애물들에 대해 알아보는 임무를 완수하도록 해요.

먼저 매일매일 통신을 점검하는 것을 잊지 말고, 버스에 탑승해서 지도와 훈련지침서를 꺼내요. 이곳 지형을 둘러보며 눈을 크게 뜨고 장애물이 있는지 살펴봐요.

자, 이제 이동 중에 우리가 지금까지 주님의 기도 법칙의 첫 번째 문장을 풀어보며 배운 내용들을 정리해봐요. 우리는 최고사령관님께 다가갈 때 어떻게 해야 하나요? 기도를 시작하면서 그분을 뭐라고 불러야 하나요?

우리 ....

여러분은 누구를 아버지, 아빠라고 부르나요? 바로 여러분의 가족 중 여러분을 책

임지는 분이죠? 그분이 여러분을 낳으셨거나 입양하셨기 때문에 여러분은 아버지의 자녀예요. 그렇다면, 우리는 어떻게 전능하시고 위대하신 우주의 하나님을 우리의 아버지로 부를 수 있게 된 것일까요?

요한복음 3장을 펴서 1절부터 18절까지 읽은 뒤 육하원칙에 맞춰 대답해보세요.

우리는 어떻게 하나님의 나라를 볼 수 있다고 하나요?(3:3)

....

니고데모의 질문은 무엇이었나요?(3:4)

"사람이 .... 어떻게 .... 수 있사옵나이까? .... 번째 .... 에 들어갔다가 .... 수 있사옵나이까?"

예수님의 대답은 무엇이었나요?(3:5-6)

"사람이 .... 과 .... 으로 .... 아니하면 하나님 나라에 들어갈 수 없느니라. .... 으로 난 것은 .... 이요, ... 으로 난 것은 .... 이니."

니고데모는 **거듭난다**는 말의 의미를 이해했나요? (3:9-10)

예 .... 아니오 ....

니고데모는 예수님께서 하나님께로부터 왔음을 알았고, 예수님께 질문이 있었기 때문에 그날 밤, 예수님을 찾아왔어요. 그러나 니고데모는 거듭나야만 하나님의 나라를 볼 수 있다고 하시는 예수님의 말씀을 이해할 수 없었어요. 니고데모는 어떻게 사람이 다시 어머니 뱃속에 들어갔다가 태어난다는 건지 알 수 없었어요. 예수님은 그에게 우리가 아기로 태어날 때와 같은 육신의 태어남이 아니라, 영혼의 태어남에 대해 말했던 거라고 이야기하셨어요.

예수님께서 말씀하신 영혼의 태어남은 어떻게 일어나나요? 함께 알아보자고요.

영생을 얻는 방법은 무엇인가요?(3:16)

....

이제 밑에 있는 요한복음 1:12-13을 읽어 보세요.

영접하는 자 곧 그 이름을 믿는 자들에게는 하나님의 자녀가 되는 권세를 주셨으니, 이는 혈통으로나 육정으로나 사람의 뜻으로 나지 아니하고, 오직 하나님께로서 난 자들이니라.

여러분이 예수님을 영접하고, 그 이름을 믿으면 무슨 권세를 받게 되나요?

............의 ....가 되는 권세

어떻게 그분이 우리를 낳으시나요?

............으로나 ....으로나 ....의 ....으로 나지 아니하고,

오직 ....께로부터.

육정으로가 아니라면, 이 말은 영적인 태어남을 말하는 것일까요?

예............ 아니오............

밑에 나온 에베소서 1:13-14을 보세요.

13그 안에서 너희도 진리의 말씀 곧 너희의 구원의 복음을 듣고 그 안에서 또한 믿어 약속의
성령으로 인치심을 받았으니 14이는 우리의 기업에 보증이 되사 그 얻으신 것을 구속하시고
그의 영광을 찬미하게 하려 하심이라.

우리는 누구로 인해 진리의 말씀, 구원의 복음을 듣고 믿어 인치심을 얻었나요?(1:13)

.... 안에서 또한 믿어 성령의 인치심을 받았으니.

여기에서 "그"는 누구인가요? 약속의 ....

성령님께서는 무엇의 보증이 되셨나요?(1:14)

....

로마서 8:14-15을 보세요.

14무릇 하나님의 영으로 인도함을 받는 사람은 곧 하나님의 아들이라 15너희는 다시 무서워하
는 종의 영을 받지 아니하고 양자의 영을 받았으므로 우리가 아빠 아버지라 부르짖느니라

우리는 누구인가요?(8:14)

....

우리는 무엇을 받았나요?(8:15) ....의 영

우리는 무엇이라고 부르짖나요?

....

이곳 지형을 아주 잘 관찰하고 있어요. 이제 지금까지의 것들을 종합해서 최고사령관님과의 통신을 방해하는 장애물이 무엇인지 알아보도록 해요.

우리는 우리의 아버지되시는 하나님께 나아가야 해요. 우리가 그분을 아버지라 부른다는 것은 그분이 우리를 낳으셨거나 입양하셨다는 의미란 것을 알았어요. 그럼 어떻게 하나님께서 우리의 아버지가 되실까요?

우리는...........................(다시 태어나야) 해요.

어떻게 그렇게 할 수 있을까요? 우리가 우리의 구원자로서 영접하고 믿어야 할 분은 누구신가요? ....

요한복음 1:12에 따르면, 우리가 예수님을 영접할 때 받는 권세는 무엇인가요?

....................의 .... 가 되는 권세

놀라운 일이 아닌가요? 전능하시고 위대하신 우주의 왕되신 그분의 자녀가 되었다는 것 말이에요. 그분이 우리의 아버지가 되셨기 때문에 기도로 그분께 나아갈 수 있는 특권을 누릴 수 있어요. 우리는 그분께 속했고, 그분의 가족이 되었어요.

자, 이제 모든 사실을 알았으니, 장애물이 뭔지 보이나요? 만약 그분이 여러분의 아버지가 되시지 않는다면 여러분이 어떻게 하나님께 기도로 나아갈 수 있나요? 어렵겠죠? 그런데 우리 훈련지침서에서는 왕의 자녀가 되는 길은 오직 하나라고 분명히 말하고 있어요. 요한1서 5:11-15을 펴서 읽어보세요.

우리가 하나님 아들(예수님)의 이름을 믿는다면, 우리가 그분을 향하여 우리의 가진 담대한 것은 무엇인가요?(5:14)

"그의 ...... 대로 무엇을 .... 들으심이라."

우리가 무엇을 얻은 줄로 아나요?(5:15)

....

우리가 가진 담대함은 우리가 하나님의 아들을 믿고 그분의 자녀가 되었다면, 하나님께서 우리의 기도를 응답하시리라는 확신이에요. 하나님은 사랑과 긍휼의 하나님이시지만, 그분의 자녀가 아닌 사람들에게는 오직 하나의 기도만 응답하실 의무가 있어요. 그 기도가 뭘까요? 바로 자신이 죄인임을 인정하면서 예수 그리스도를 자신의 구주로 영접하여 구원받기를 구하는 기도예요.

하나님은 여러분을 사랑하세요. 여러분의 아버지가 되길 원하고 계세요. 여러분이 그분께 나오고, 그분을 알고, 그분과 관계 맺기를 원하세요.

최고사령관님과 여러분과의 통신 채널에는 아무 이상이 없나요? 하나님이 여러분의 아버지이신가요? 여러분은 하나님께 기도로 나갈 권세를 얻었나요? 하나님의 구원의 선물을 받았나요? 네 ...... 아니오 ......

'네'라고 대답했다면, 이제 지형 관찰을 끝내고 하나님의 "Q"코스 훈련을 계속할 준비가 된 거예요. 하지만 아직 하나님의 구원의 선물을 받지 못했고, 그분의 자녀로 입양되어서 그 사랑의 가족 안에 들어가고 싶다면, 여러분이 해야 할 일은 오직 그분께 나아가 구하는 거예요. 여러분이 죄인임을 인정해야 해요(로마서 3:23). 하나님께 자신의 죄를 뉘우치고 예수 그리스도를 따르는 사람이 되고 싶다고 말씀드리세요.

바로 이렇게 기도하는 거예요.

하나님, 날 사랑하셔서 당신의 아들이신 예수 그리스도를 보내시고, 내 죄를 대신해 죽게 하시니 감사해요. 제가 저지른 잘못을 뉘우칩니다. 죄 가운데 있었던 마음을 회개하고 바꾸겠습니다. 죄는 나쁜 것입니다. 더 이상 저의 방식대로 살지 않겠습니다. 예수님을 나의 구주로 영접하고, 평생을 예수님을 위해 살겠습니다. 예수님의 이름으로 기도합니다. 아멘.

이제 여러분은 하나님의 가족이 되었어요! 여러분은 하나님의 자녀이고, 예수님과 성령님께서 여러분 안에 들어가 사실 거예요(요한복음 14:23). 이제 최고사령관님을 아버지라고 부를 수 있어요. 와아!

하나님의 가족이 되었으니 다른 이들에게 여러분이 예수 그리스도를 믿고 하나님의 자녀가 되었다는 멋진 소식을 전하세요.

좋아요, 이제 지형탐색과 장애물 넘기를 끝냈으니, 최고사령관님과 함께 통신 전문가가 되기 위한 하나님의 "Q"훈련을 계속할 수 있겠어요!

그런즉 누구든지 그리스도 안에 있으면 새로운 창조자입니다. 이전 것들은 지나갔고, 보십시오. 새 것들이 와 있습니다.(고린도후서 5:17, 쉬운성경)

여섯째 날

충성의 서약

잘했어요, 병사들! 큰일을 해냈어요. 기도작전의 첫 단계를 완전히 익혔어요. 이제 하나님의 "Q"코스의 두 번째 장을 배울 준비를 해요. 그런데 그 전에 해야 할 일을 잊진 않았겠죠? 그래요, 우리 최고사령관님께 기도 드리세요.

자, 여러분의 다음 임무는 이것이에요. 예수님이 말씀하신 두 번째 기도 법칙은 무엇이었나요?(6:10)

....

우리가 정했던 제목은 무엇인가요? ....

예수님께서 하나님의 나라가 임하게 해달라고 기도하도록 제자들에게 말씀하셨을 때, 그분이 가르치시려고 한 것은 무엇일까요? 같이 알아보도록 해요. 먼저, 군인의 입대 서약을 보도록 해요.

나는 우리나라에 대항하는 모든 적들로부터 이 나라를 수호할 것을 엄숙히 맹세합니다. 진실한 믿음과 약속을 지킬 것이며, 군사 법규 및 규정에 따라 대통령 각하와 장교님들의 명령에 복종할 것을 선서합니다. 하나님이시여! 날 도우소서.

군대의 병사가 이 서약을 하는 것은 그가 자신의 국가에 충성할 것이며 자신의 사령관에게 복종할 것을 약속한다는 뜻이에요. 이 약속은 자기 자신의 안전보다 국가의 이익을 우선하겠다는 거예요.

군인의 목표, 열정과 목적은 최고사령관님을 보좌하는 것이고, 그러기 위해서는 자기 인생을 자신의 지휘관과 국가에 헌신해야 해요. 이것이 바로 예수님께서 하나님의 나라가 임해달라고 기도하도록 제자들에게 가르치신 의미가 아닐까요?

이제, 우리가 우리 아버지되시는 최고사령관님께 충성의 서약을 드리는 것이 어떤 의미인지 알아보도록 해요. 훈련지침서를 꺼내서 빌립보서 3:20을 읽어보세요.

여러분이 그리스도인이라면, 여러분의 시민권은 어디에 속해 있나요?

....

그리스도인이 기다리는 것은 무엇인가요?

.... 하는 자, 곧 주 ....

마태복음 6장 33절을 보세요. 우리가 먼저 구할 것은 무엇인가요?

그의 .... 와 그의 ....

그리고 다음의 마가복음 8:34을 읽어보세요.

무리와 제자들을 불러 이르시되 누구든지 나를 따라오려거든 자기를 부인하고 자기 십자가를 지고 나를 따를 것이니라.

예수님께서는 자기를 따라오려면 무엇을 해야 한다고 하셨나요?

자기를 ....하고, 자기 ....를 지고 나를 ....

마태복음 10:34-39을 읽으세요.

[34]내가 세상에 화평을 주러 온 줄로 생각하지 말라 화평이 아니요 검을 주러 왔노라 [35]내가
온 것은 사람이 그 아버지와, 딸이 어머니와, 며느리가 시어미와 불화하게 하려 함이니 [36]사
람의 원수가 자기 집안 식구리라 [37]아버지나 어머니를 나보다 더 사랑하는 자는 내게 합당치
아니하고, 아들이나 딸을 나보다 더 사랑하는 자도 내게 합당하지 아니하고, [38]또 자기 십자
가를 지고 나를 따르지 않는 자도 내게 합당하지 아니하니라 [39]자기 목숨을 얻는 자는 잃을
것이요 나를 위하여 자기 목숨을 잃는 자는 얻으리라

예수님께서는 무엇을 기대하시나요? 여러분이 더 사랑하는 것은 누구인가요? 예수님인가요 가족인가요?

....

마태복음 10:39에서 예수님을 위해 우리가 잃어야 할 것은 무엇인가요?

자기 ....

그렇다면, 이 말씀이 예수님은 우리가 우리 가족을 사랑하는 것을 원치 않으신다

는 의미일까요? 아니에요! 하나님은 분명히 우리가 서로 사랑하며, 부모님께 공경하고 순종해야 한다고 말씀하셨어요. 단지 우리의 충성이 가장 먼저 그분께 있어야 한다는 것을 말씀하신 거예요. 우리는 이 땅의 가족이나 다른 사람들보다 그분을 더욱 사랑해야 해요.

누가복음 9:57-62을 읽어보세요.

[57]길 가실 때에 어떤 사람이 여짜오되 어디로 가시든지 나는 따르리이다 [58]예수께서 이르시
되 여우도 굴이 있고 공중의 새도 집이 있으되 인자는 머리 둘 곳이 없도다 하시고 [59]또 다른
사람에게 나를 따르라 하시니 그가 이르되 나로 먼저 가서 내 아버지를 장사하게 허락하옵
소서 [60]이르시되 죽은 자들로 자기의 죽은 자들을 장사하게 하고 너는 가서 하나님의 나라를
전파하라 하시고 [61]또 다른 사람이 이르되 주여 내가 주를 따르겠나이다마는 나로 먼저 내
가족을 작별하게 허락하소서 [62]예수께서 이르시되 손에 쟁기를 잡고 뒤를 돌아보는 자는 하
나님의 나라에 합당하지 아니하니라 하시니라

예수님이 그분을 따르라고 하셨을 때, 그들의 대답은 무엇이었나요?(9:59, 61)

먼저 나로 …… ....하옵소서.

그들이 우선에 둔 것은 무엇이었나요? 예수님과 그분의 나라였나요, 아니면 그들 자신의 바람이었나요?

그들 자신의 ....

마지막으로 골로새서 1:18을 보세요.

그는 몸인 교회의 머리시라 그가 근본이시요 죽은 자들 가운데서 먼저 나신 자이시니 이는 친히 만물의 으뜸이 되려 하심이요.

이 말씀에서 '그'는 예수님을 가리켜요. 예수님은 모든 만물에서 어느 위치를 차지하시나요?

....

이제 79쪽부터 여러분이 적은 답들을 다음 괄호의 낱말들과 짝지어 보세요.

(ㄱㅓㄴㄱㅜㅊ) ☞ ________ (ㅜㄴㅓㄱㅇㅜ) ☞ ________

(ㅜㅅㅡㄷㅇㄹㅣㅖㅡㄱㅅㅗ) ☞ ________ ________________

(ㅏㄹㄴㅏ) ☞ ________ (ㅣㅇㅡ) ☞ ____

(ㅂㅣㄱㅈㅏㅅㅏ) ☞ ____________ (ㅇㅜㅂㅣㄴ) ☞ ________

(ㄱㅣㅅㄹㄸㅣㅏㄹㅏㅇㅡㄹㅓㄴ) ☞ ________ _________________

(ㅁㅁㅜㄱㅗㅅ) ☞ ________ (ㄱㅓㄹㅏㅎ) ☞ ________

(ㅁㅏㅂㄹㅏ) ☞ ________ (ㄸㅡㅁㅡㅇ) ☞ ________

훌륭한 관찰실력이에요, 그럼 이제 여러분 자신은 어떤지 볼까요?

- 여러분은 하나님의 나라를 첫째로 두고 살고 있나요? ....

- 혹시 운동, TV 시청, 컴퓨터 게임, 전화 통화를 하는 시간에 비해 하나님의 말씀을 보고 기도하는 시간은 별로 없지 않나요? 어떤지 적어보세요.

- 여러분이 하는 일이나 좋아하는 것들 중, 하나님을 첫 번째로 두는 것을 막고 있는 것이 있나요? 예...... 아니오......
  만약 있다면, 하나님보다 우선하고 있는 것들을 적어보세요.

- 이런 것들을 포기하고 예수님을 따르며, 군인이 그 나라에 헌신하듯, 여러분의 모든 것을 드릴 마음이 있나요?

- 자, 그럼 누굴 첫 번째에 둘 건가요? 여러분의 마음이 원하는 건가요, 아니면 하나님과 그분의 나라인가요?

이제 하나님의 나라를 위해 기도하는 것이 어떤 의미인지 알았다면, 여러분의 기도일지를 꺼내서 다음 페이지의 제목을 **"나라에 임하시오며 - 하나님 나라에 대한 충성!"**으로 적고, 전에 했던 것처럼 마커와 색연필, 펜, 스티커를 사용해서 꾸며보세요. 왕관을 쓰신 하나님의 보좌와 자신의 충성을 맹세하는 하나님의 특수부대원의 모습을 그려 넣으세요.

여러분이 예수님을 따르고 그분께 모든 것을 드리기로 했다면, 충성을 약속하는 기도를 써 보세요. 여러분의 마음을 담아 간결하게 쓰세요. 그분은 우주를 다스리시는 전능자이시고, 그분과 그분의 나라를 여러분 인생에서 최우선으로 두겠다고 말씀드리세요. 또한 그동안 여러분이 원하는 것들을 더 중요하게 여겼던 순간들에 대해 용서를 구하세요.

삶 속에서 하나님보다 다른 것들을 우선순위에 두고 있는 경우를 보여달라고 기도하세요. 여러분 자신이 원하는 것만 하려는 행동해서 변화될 수 있도록, 담대하게 어려움을 견뎌나가겠다고 말씀드리세요. 그분께 영광을 돌리고, 그분의 말씀을 읽으며, 매일 대화하겠다고 말씀드리세요. 이 전쟁에서 승리하고 싶고, 이 땅에 그분의 나라가 임해서 예수님이 다스리게 되길 원하고 있다는 것을 알려드리세요.

자, 더 앞으로 나가요, 병사들. 이 전쟁에서 승리하고 하나님의 나라가 속히 오게 만들자고요!

일곱째 날

명령을 따르기

지휘본부로 이동해요, 병사들. 장군님이 다음 임무에 대한 전달사항을 내려주실 거예요.

"'Q'코스 훈련의 두 번째 장을 잘 마무리하려면, 매복과 정찰 같은 임무에 신경 써야 해요. 그래야만 명령이 떨어졌을 때 실제 전투 상황에서 느끼는 두려움이나 긴장감없이 정확히 대처할 수 있거든요. 각자 배낭을 챙기고, 장비를 점검해서 오전 9시에 이동할 수 있도록 하세요."

준비됐나요? 장군님의 명령대로 다 했나요? 훈련현장으로 떠나기 위해 장비를 점검하고 최고사령관님께 보고하도록 해요.

주기도문의 세 번째 문장은 무엇인가요?

....

우리가 정한 이 문장의 제목은 무엇인가요? ....

순종이 무엇인지 알고 있나요? 사전에서 순종의 의미를 찾아서 적어보세요.

....

예수님의 기도 법칙에서 이 세 번째 문장인, **"뜻이 하늘에서 이루어진 것 같이 땅**

에서도 이루어지이다"는 우리와 통신하는 그분이 최고사령관이시므로, 우리는 무릎 꿇고 그분의 뜻 앞에 자신을 포기해야 한다는 것을 가르쳐주고 있어요. 이것은 하나님께 "나의 뜻이 아닌 하나님의 뜻을 원합니다"라고 말하는 거예요. 군인의 가장 절대적인 임무는 지휘관의 명령을 따르는 거예요.

그렇다면 최고사령관님의 명령에 복종하기 위해 하나님의 특수부대원이 알아야 할 것들은 어떻게 배울까요? 훈련지침서, 즉 하나님의 말씀을 공부하면서 배울 수 있어요. 훈련지침서는 최고사령관님 자신에 대한 것뿐만 아니라, 그분의 뜻을 깨닫는 법도 가르쳐주기 때문에, 우리가 정확히 그분의 뜻을 따르고 그렇게 살 수 있게 해줘요. 이제 움직일 때예요, 병사들. 훈련지침서를 가지고 최고사령관님의 뜻을 발견해보도록 해요.

요한복음 6:40을 찾아 읽어보세요.

아버지의 뜻은 무엇인가요?

요한복음 8:24을 찾아 읽어보세요.

예수님을 믿지 않고 아버지의 뜻을 행하지 않는 자에게는 무슨 일이 생기나요?

베드로후서 3:9을 찾아 읽어보세요.

하나님은 우리들이 멸망하길 원하시는 분인가요?

사도행전 4:12을 찾아 읽어보세요.

예수님의 이름을 믿는 것 외에 우리가 구원을 받을 수 있는 다른 길이 있나요?

....

그렇다면 우리는 우리가 원하는 방식으로 하나님께 나아갈 수 있나요, 아니면 꼭 하나님의 방법으로 해야 하나요?

....

하나님의 뜻은 모든 사람이 구원받는 것이지만, 방법은 오직 한 가지라는 것을 우리는 분명히 보았어요. 우리는 예수님의 이름을 믿고 오직 그분이 우리를 죄로부터 구원하실 수 있는 구원자이심을 인정해야 해요.

이사야 53:6에서 무엇이 죄의 근본적인 원인인지를 알아보도록 해요. 이 구절에서는 우리를 양에 비유하고 있어요. 우리는 어떻게 길을 잃었나요?

우리는 각기 ....

우리가 각기 자기의 길로 가기를 원했던 것이 죄의 원인임을 알겠나요?

예 .... 아니오 ....

마태복음 7:18-27을 읽어보세요.

누가 천국에 들어간다고 했나요?(7:21)

....

아버지의 뜻대로는 아니지만 여러 가지 좋은 일들을 행한 사람들에게는 무슨 일이 있을 거라고 하나요?(7:22-23)

....

하나님의 말을 듣고 행하는 자가 어떤 사람과 같다고 했나요?(7:24-25)

....

하나님의 말을 들었으나 행치 않으면 어떤 사람이라고 했나요?(7:26-27)

....

요한1서 5:3-5을 찾아 읽으세요.

하나님께서 원하시는 일은 무엇인가요?(5:3)..

세상을 이긴 이김은 무엇인가요?(5:4)

....

세상을 이기는 자는 누구인가요?(5:5)

....을 믿는 자

요한복음 9:31을 찾아 읽어보세요.

하나님께서 들으시는 자는 누구인가요?

....

하나님의 자녀가 되고 그분의 가족이 된다는 것은, 하나님의 방법대로 살기로 작정한다는 거예요. 하나님께선 모든 사람이 구원받길 원하시나, 구원에 이르는 오직 한 가지 방법은 그분의 뜻대로 행하는 것임을 알겠나요?

- 여러분은 아버지의 뜻대로 살았나요? 예수 그리스도를 구원자로 영접했나요?

  예 ...... 아니오 ......

- 여러분은 어떤 사람인가요? 예수님의 말씀을 듣고 행하는 지혜로운 사람인가요, 아니면 그 말씀을 들으나 그렇게 행하지는 않는 어리석은 사람인가요?

  ....

- 아버지를 사랑하나요? 그의 명령을 지키면서 살고 있나요?

  ....

우리가 임무를 수행할 때에 요한복음 9:31에서 하나님께서는 경건하여 (그분을 존경하는 태도로 그분의 이름에 경배하고 영광 돌린다는 의미) 그 뜻대로 행하는 자들의 말을 들으신다고 한 것을 기억해야 해요. 우리는 최고사령관님께서 계속 우리의 전파를 받으실 수 있도록 우리의 통신채널을 언제나 열어두어야 해요. 그러고 나서 기도일지를 꺼내어 다음 페이지의 제목을 **"뜻이 하늘에서 이루어진 것 같이 땅에서도 이루어지이다"**라고 적으세요. 여러분의 사진을 붙이고 그 밑에, "아버지, 저는 하나님의 뜻에 복종하길 원합니다"라고 적거나 최고사령관님께 절하며 복종하는 그림을 그려 넣는 것도 좋아요.

그러고 난 뒤 최고사령관님을 찬양하고 경배하는 짧은 기도를 써 보세요. 여러분이 반석 위에 집을 짓는 지혜로운 사람처럼 그분의 말씀을 듣고 행하는 사람이 되기를 원한다고, 하나님이 여러분의 삶을 다스리셔서 여러분의 삶이 그분을 아는 지식과 그분의 뜻 위에 세워지길 원한다고 말씀드리세요. 또한 여러분이 어서 그분의 특수부대원이 돼서 그분의 뜻을 이해하고 그것을 위해 기도하는 사람이 되길 원한다는 것도 빼먹지 마세요.

그럼 이제 텐트로 돌아가서 잠을 좀 자야 겠죠? 내일도 최고사령관님의 뜻을 구하는 훈련을 계속하게 될 거예요.

3주

최고사령관님의 뜻 찾기

그동안 예수님의 기도 법칙 사용법을 너무 잘 배워왔기 때문에 이제 최고사령관님처럼 여러분이 통신 전문가가 될 날도 멀지 않았어요. 이번 주에는 현장에서 지속적으로 지형 탐색을 하면서 매복한 적군을 찾아내는 훈련을 할 거예요. 이제 위장에 필요한 장비들을 챙기고 군화를 꽉 매세요. 우리는 이곳 영토를 탐색하러 가요.

첫째 날

매복한 적군 경계하기

"기도용사 1, 여기는 대장이다. 그곳 상황 보고하라. 오버."

"대장님, 여기는 기도용사 1. 이상 없음. 조용합니다. 오버."

"알겠다, 기도용사 1. 계속 지켜보도록. 오버."

"예. 통신 끝."

자, 최고사령관님으로부터 기도 작전을 계속 진행해도 좋다는 승인을 받았어요.

이 지역을 계속 탐색하면서, 먼저 지금까지 통신 전문가의 특별 법칙인 주기도문의 세 가지 주제가 어떤 것이었는지를 돌아보도록 해요.

1. **기도는 하나님을 믿는 사람이 가지는 특권**이에요. 그들은 예수 그리스도를 구주로 영접하고 하나님의 가족으로 거듭나서, 하나님을 아버지라 부르며 기도할 수 있는 권세를 받은 자들이에요. 우리는 어떻게 아버지께 나아갈 수 있나요? 그분의 성품과 행하신 일들로 인해 그분께 영광 돌리고 경배하는 것. 곧, 그분의 이름을 찬양함으로 나아갈 수 있어요.

2. 기도할 때는 **하나님과 그분의 나라에 대한 충성심**이 필요해요. 우리는 그분께 우리 삶과 우리 모든 일들 가운데 첫 번째 자리를 드려야 해요.

3. 기도할 때는 **순종해야** 해요. 우리가 원하는 것은 오직 하나님의 뜻이라고 말씀드리는 거예요. 우리의 삶을 그분께 내려놓고, 그분의 말씀을 공부하며, 그 명령을 지키며, 그분의 뜻을 찾고 행하도록 도와달라고 구해야 해요.

이제 성경에서 기도에 대해 나와 있는 약속들을 살펴보세요.

요한복음 14:14을 찾아 읽어보세요. 이 구절에서 예수님이 약속하신 것은 무엇인가요?

요한복음 16:24을 찾아 읽어보세요. 여기서의 약속은 무엇인가요?

마태복음 17:20을 찾아 읽어보세요. 믿음이 있으면 어떤 일들은 할 수 있나요?

마가복음 11:24을 찾아 읽어보세요. 기도하고 구하고 믿으면 어떻게 되나요?

이 모든 구절들이 우리에게 약속하고 있는 것이 무엇인가요? 우리가 믿음을 가지고 구하고 믿으면, 우리가 구한 것을 받게 될 거라는 거예요. 그래서 우리는 위의 구절들이 하나님의 말씀에 뿌리 내리고 있기 때문에 이 약속들이 사실이라고 믿어야 해요. 디모데후서 3:16에서 성경은 하나님의 감동으로 된 것이라고 했어요. 바로 "하나님이 생명을 주신" 말씀이라는 거예요. 성경은 하나님께로부터 직접 주어진 것이기 때문에 틀림이 없어요.

우와~ 그렇다면 우리가 원하는 것을 그저 기도하면서 믿음으로 구하면 받게 된다는 건가요? 그렇지요? 조심해요, 함정에 걸리지도 몰라요! 방금 여러분은 숨어 있는 적에게 걸려들 뻔했어요! 가끔씩 그리스도인이 기도하고 믿음으로 구해도, 하나님께서 응답하시지 않을 때가 있어요. 그럴 땐 왜 기도가 응답받지 않았는지 당황스럽고 혼란스러울 거예요.

하나님의 말씀에서 우리가 구한 것을 받

을 거라고 했는데, 왜 응답을 받지 못한 걸까요? 이건 의외로 쉬운 문제예요. 우리가 예수님의 기도 법칙 세 번째 문장에서 기도에 대해 배운 것이 무엇인가요? 그 문장을 다시 한 번 적어보세요.

....

여러분이 믿음으로 구한 그것이 하나님의 뜻이 아니라면 그분이 그 기도에 응답하실까요?

예 .... 아니오 ....

요한1서 5:14-15을 한 번 더 읽어보세요.

14우리는 아무런 의심없이 하나님께 나아올 수 있습니다. 이것은 우리가 하나님께 무엇인가
를 구할 때, 그리고 이것이 우리를 향한 하나님의 뜻에 맞을 때, 하나님께서 우리가 구하는
것에 깊은 관심을 가져 주신다는 것을 뜻합니다. 15하나님께서는 우리가 그분께 간구할 때마
다 귀를 기울이고 계십니다. 그러므로 우리는 우리가 구한 모든 것들을 그분께서 주시리라
는 것을 알 수 있습니다. _쉬운성경

우리가 어떻게 구할 때 하나님이 들으신다는 건가요? 퍼즐을 맞춰보면서 알아볼까요? 점이 찍혀 있는 칸에 색칠해보세요.

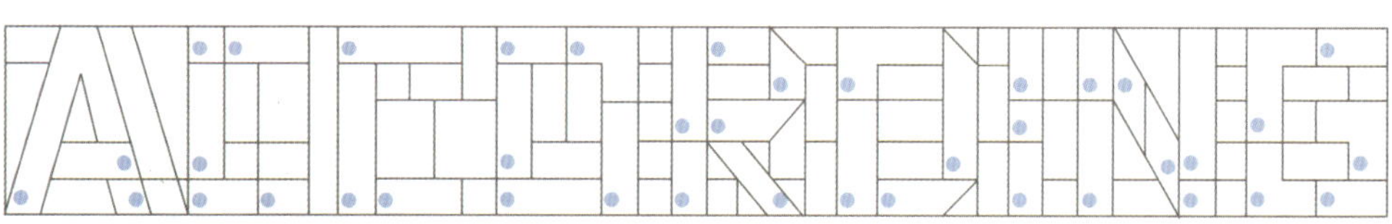

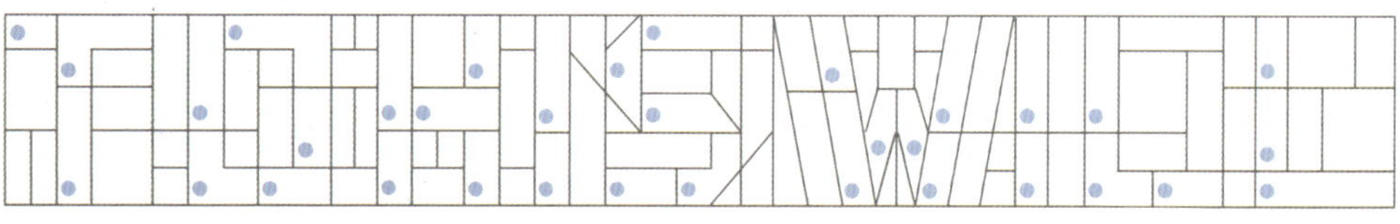

자, 이제 퍼즐의 답을 적어보세요. 우리가 어떻게 구하면 하나님이 들으시나요?

....

(위의 문장은 '하나님의 뜻에 따라'라는 의미예요.)

그렇다면 이렇게 우리가 기도한다면 하나님이 우리가 구한 것을 주실까요?

....

물론이에요! 하나님이 그분의 말씀 속에서 우리에게 약속하신 것들은 사실이에요. 하나님은 신실하신 분이세요. 언제나 약속을 지키세요. 그러나 우리가 구하는 것들은 그분의 뜻에 합당해야 해요. 하나님은 우리의 간구를 들으시고 기도에 응답하시는 분이지만, 그분의 성품과 일하시는 방법과 맞지 않는 것까지 모두 이루어주시지는 않아요.

때때로 우리는 하나님의 사랑과 계획과는 거리가 먼 것들을 구할 때가 있어요. 그러면 하나님의 응답은 '안 된다'예요. 우리의 믿음이 적어서가 아니라, 단지 그분의 뜻이 아니기 때문이에요. 하나님은 사랑이시고, 언제나 사랑으로 우리를 대하세요. 우리에게 가장 좋은 것이 뭔지를 가장 잘 알고 계세요.

자, 이제 적의 함정을 피했으니 우리의 최고사령관님의 뜻에 복종하는 기도를 드리세요.

하나님 아버지, 예수님을 통해 기도의 법칙을 가르쳐주셔서 우리가 어떤 기도를 하기 원하시는지 알려주시니 감사합니다. 하나님은 엘 엘리온, 가장 높으신 하나님이시며, 능치 못함이 없는 분이십니다. 전 하나님의 자녀이고, 주님께서 제 모든 기도를 들으시고 응답하시리라는 것을 알아요. 가끔 제가 하나님의 뜻에 어긋나는 것을 구해서 'NO'라고 대답하실 때도 있었죠. 저보다 더 멀리 보시는 분이시기에 그렇게 응답하시는 하나님을 신뢰합니다. 하나님의 거룩하신 계획 속에서 제 기도를 이뤄주실 것을 압니다.

제가 어떻게 기도해야 할지 알도록 하나님의 뜻을 알려주세요. 주님은 약속하신 것을 언제나 신실하게 지키신다는 것을 기억하게 도와주세요. 하나님의 뜻에 따라 믿음으로 기도한 것은 제가 받을 것입니다. 날 사랑하시고, 가장 좋은 뜻을 품으신 하나님을 믿고, 제 삶을 드립니다. 예수님의 귀하신 이름으로 기도합니다. 아멘.

둘째 날

함정 피해 가기

좋아요! 이 지역을 계속 정찰할 테니, 한시도 경계를 늦추지 말고 적의 함정을 주시하세요. 훈련지침서를 공부하고 지도를 따라가는 훈련을 통해 적의 함정에 걸려들지 않도록 하는 것은 하나님의 특수부대원에게 있어서 매우 중요한 일이에요. 최고사령관님께 훈련신고식을 했나요? 좋아요. 그럼 이제 임무를 계속할 테니 자세를 낮추고 훈련지침서를 꺼내세요.

밑에 나와 있는 마태복음 21:18-22을 읽고 다음의 핵심 단어에 표시하세요.

믿음 ☞ 보라색 테두리에 연두색 책 모양으로 표시 의심 ☞ 검은색 칠하기
믿다(믿고) ☞ 파란색 칠하기 이르시되 ☞ 주황색 칠하기

18 이른 아침에 성으로 들어오실 때에 시장하신지라 19 길 가에서 한 무화과나무를 보시고 그
리로 가사 잎사귀밖에 아무것도 찾지 못하시고, 나무에게 이르시되 이제부터 영원토록 네가
열매를 맺지 못하리라 하시니 무화과나무가 곧 마른지라 20 제자들이 보고 이상히 여겨 이르
되 무화과나무가 어찌하여 곧 말랐나이까 21 예수께서 대답하여 이르시되 내가 진실로 너희
에게 이르노니 만일 너희가 믿음이 있고 의심하지 아니하면 이 무화과나무에게 된 이런 일만
할 뿐 아니라 이 산더러 들려 바다에 던져지라 하여도 될 것이요 22 너희가 기도할 때에 무엇
이든지 믿고 구하는 것은 다 받으리라 하시니라

마가복음 11:23-24을 읽고 위에서 한 것처럼 똑같은 단어에 표시하세요.

23 내가 진실로 너희에게 이르노니 누구든지 이 산더러 들리어 바다에 던져지라 하며 그 말하
는 것이 이루어질 줄 믿고 마음에 의심하지 아니하면 그대로 되리라 24 그러므로 내가 너희에
게 말하노니 무엇이든지 기도하고 구하는 것은 받은 줄로 믿으라 그리하면 너희에게 그대로
되리라

위의 두 성경말씀 속에서 알 수 있는 것은 무엇인가요?

....

우리에게 있어야 하는 것은 무엇인가요? ....

우리가 가지지 말아야 할 것은 무엇인가요? ....

마태복음과 마가복음 말씀을 통해서 우리는 오직 필요한 것은 믿음을 가지고 의심하지 않고 구하면 구한 것을 받을 거라고 사람들에게 자신 있게 말할 수 있을까요? 그래요. 하지만 그렇다고 기도에 대해 이 말씀들이 보여주는 것만 기억하라고 하는 것은 함정이 아닐까요?

왜냐하면 이 말씀들은 하나님의 말씀의 일부분에 지나지 않으니까요. 말씀 한 구절만 뽑아다가 우리가 원하는 대로 아무렇게나 쓰는 것은 옳지 않아요. 하나님은 우리에게 모든 말씀이 합쳐진 완전한 성경을 주셨기 때문에, 우리는 말씀을 성경 전체에 비추어서 **해석**(뜻을 이해하기)해야 해요.

문맥을 본다는 것이 바로 이런 거예요. 그 구절이 전체에서 어떤 위치에 있는지를 파악하기 위해 여러분이 공부하는 부분의 앞에 오는 구절과 뒤에 오는 구절을 자세히 살펴보는 거예요. 그렇게 해서 여러분이 공부하는 각각의 책(창세기, 출애굽기 같은 성경 속의 책)과, 나아가 성경 전체 속에 어떻게 어울리고 있는지를 알아보는 거예요. 스스로 성경을 공부할 때 명심해야 할 정말 중요한 한 가지 원칙이 있다면, 그것은 성경말씀은 결코 그 안에서 서로 반대되는 말을 하지 않는다는 거예요. 실제로, 우리가 어떤 성경 구절을 공부할 때 다른 구절들을 함께 보는 것이 그 구절을 더욱 잘 이해하도록 도와줄 거예요.

그러니까 어떻게 기도해야 하는지, 하나님께서 어떻게 기도를 들으시고 응답하시는지를 알려면 문맥을 모르는 상태에서 누군가의 생각에 맞게 뽑혀진 한두 구절이 아니라, 성경 전체를 봐야만 해요. 어제 공부한 내용을 기억하나요? 하나님이 우리의 기도를 들으시려면, 우리는 어떻게 기도해야 할까요?

"하나님의 .... 대로"

하나님의 뜻대로 구하는 것, 바로 이것이 우리의 기도가 응답받는 비결이에요. "아무 것이나 내키는 대로 달라고 하라"는 함정에 걸려들지 마세요! 예를 들어, 어떤 사람들은 여러분이 그리스도인이라면 아무 것이나 원하는 것을 믿음으로 구하면 받게 될 거라고 가르쳐요.

여러분에게 오래되서 낡고 체인이 자꾸 빠지는 자전거가 있다고 해봐요. 어떤 기도를 드리는 것이 가장 좋을까요? "하나님, 나는 당신의 자녀입니다. 주님은 내가 이렇게 꼬진 자전거를 타는 걸 원치 않으시죠? 그래서 저는 믿음으로 최신 산악자전거를 주님께 구합니다." 아니면, "모든 것을 아시는 하나님, 제 자전거가 오래되서 낡은 것을 아시죠. 새로운 산악자전거가 갖고 싶은데 ··· 돈을 벌어서 살까요, 아니면 지금 있는 것을 고쳐서 쓸까요? 어떻게 해야 할지 가르쳐주세요."

두 기도의 차이점을 알겠나요? 첫 번째 기도는, "하나님, 나는 당신의 자녀니까 제가 믿음으로 구한 것을 주시겠죠?"라는 의미로 "아무 것이나 내키는 대로 달라고 하라"는 함정에 빠진 경우예요. 두 번째 기도는, "저는 제가 원하는 것을 믿음으로 구합니다. 하지만 주님이 생각하시는 최선의 것으로 주세요"라고 주님의 뜻에 맡기는 거예요.

예수님께서 마태복음과 마가복음의 두 구절에서 가르치신 것은 진실이에요. 우린 믿음으로 구해야 해요. 그러나 그 믿음은 하나님을 믿고 그분의 뜻에 순종하는 믿음 안에서 믿는 거예요. 그러면 하나님께서 우리의 기도를 들으시고 우리가 구한 것을 주실 거예요. 그렇다면 내 기도가 하나님의 뜻인지를 어떻게 알 수 있을까요? 계속 기도작전을 진행하면서 알아보도록 해요.

셋째 날

정찰 임무 : 최고사령관님의 뜻 발견하기

훌륭해요! 다른 병사들은 종종 빠져버리는 함정들을 지금까지 잘 피했어요. 오늘은 정찰 임무, 즉 작전 지역의 모습을 조사하고 부대를 어디로 보낼지 결정하는 일을 수행하게 될 거예요. 부딪칠 준비가 되었나요? 그럼 장비를 점검하고 통신장비를 통해 최고사령관님께 훈련신고를 하도록 해요.

이제 가는 거예요!

요한1서 5:14-15을 한 번 더 살펴보세요.

14 그를 향하여 우리의 가진 바 담대함이 이것이니 그의 뜻대로 무엇을 구하면 들으심이라 15
우리가 무엇이든지 구하는 바를 들으시는 줄을 안즉 우리가 그에게 구한 그것을 얻은 줄을
또한 아느니라

하나님이 기도를 들으시고 응답하시는 데 필요한 조건은 무엇인가요?

우리의 기도가 하나님께 응답받기 위해 우리는 어떤 태도를 가져야 하나요? 괄호 안의 자음과 모음을 사용하여 써보세요.(ㅁㅏㅁㅎㅐㄷㅏㄷ) ....

정말 놀라운 사실이죠? 우리가 그분의 뜻대로 구하면 하나님께서 응답하시리라는 담대함을 가질 수 있어요. 그럼 어떻게 하나님의 뜻을 알 수 있지요? 다른 성경말씀을 더 살펴보도록 해요.

요한복음 15:7을 읽어보세요.

너희가 내 안에 거하고 내 말이 너희 안에 거하면 무엇이든지 원하는 대로 구하라 그리하면 이루리라.

구한 것을 받기 위한 조건은 무엇인가요?

너희가 내 안에 .... 내 말이 너희 안에 ....

바로 이 조건이 하나님의 뜻을 아는 법을 가르쳐주고 있어요. 하나님의 뜻을 알기 위해서는 여러분이 예수님 안에 거하고 예수님의 말씀이 여러분 안에 거해야 하는 거예요.

그렇다면 '거하다'의 의미는 무엇일까요? 거한다는 것은 "자기 집처럼 살거나 머물다"라는 뜻이에요. 다시 말해 "오래 지속하며, 지탱하고, 견디다"는 의미지요. 만약 여러분이 누구와 함께 산다면, 여러분은 그 사람을 잘 알게 될 거예요. 함께 사는 가족들을 생각해보세요. 그들이 좋아하는 음식, 취미, 그들을 재미있게 하는 것이 뭔지 알고 있나요? 왜 그런 것들을 알게 됐을까요? 그건 그들이 여러분과 같이 살면서 서로 알게 되었기 때문이고, 그들이 여러분의 가족이기 때문이에요.

그럼 우리가 예수님 안에 거하고 그분의 말씀이 우리 안에 거하게 하려면 어떻게 해야 할까요? 우리가 그분을 믿어 구주로 영접하고 그분의 가족이 된다면, 그분이 우리 마음을 그분의 집으로 삼으시고 들어오실 거예요. 또 한 분 더, 우리 옆에서 도움을 주시는 보혜사 성령님(요한복음 14:26)이 들어오셔야 해요. 우리가 성경말씀을 공부하고 기도하는 데에 힘쓸 때 예수님과 함께 거할 수 있어요. 그분의 말씀이 우리 안에 거하시려면 성경에서 뭐라고 말씀하는지를 알아야 해요. 성경은 하나님이 직접 생명을 주신 말씀이라는 것을 기억하세요. 성경을 공부하고 그 안에 어떤 말씀이 있는지를 알아야 하나님의 말씀을 깨달을 수 있어요.

여러분이 기도하고 하나님의 말씀을 공부하는 시간은 얼마나 되나요?

....

그분의 말씀을 외우고 마음에 담고 살고 있나요? 네 .... 아니오 ....

하나님의 특급부대원이 되려면, 매일매일 하나님을 알아가기 위해 노력해야 해요. 지금 여러분은 말씀과 기도 방법을 공부하는 것으로 충분히 잘 해내고 있어요. 하나님과 그분의 성품, 그분의 길을 점점 더 알아갈수록 하나님의 뜻에 합당한 기도를 하게 될 거예요.

이번 정찰 임무는 성공적이었어요. 이제 최고사령관님께 나아가 그분 안에 언제나 거할 수 있게 도와달라고 말씀드리는 시간을 갖도록 하세요. 기도와 말씀 공부와 하나님의 뜻을 구하는 것을 통해 매일 그분을 온전히 첫 번째로 둘 수 있게 도와달라고 기도하세요!

넷째 날

자기 위치 찾기

Good Morning♪ 이제 야영을 끝내고 다른 정찰 임무를 하러 갈 때예요. 작전지역에 대해 더 공부하러 가기 전에, 병사들을 정확하게 제 자리에 배치할 수 있도록 최고사령관님의 명령을 받아야 해요. 이번 임무의 성패는 어떻게 병사들을 배치하느냐 뿐만 아니라 어디에 배치하느냐에 달려 있어요. 자, 준비됐나요? 그럼 작전을 살펴보고 이동해요.

우리는 지금까지 완전히 하나님께만 집중하며 기도 작전을 수행해왔어요. 처음에 우린 그분이 누구신지에 대해 배웠어요. 그분은 우리의 아버지이시고, 하늘과 땅을 다스리시는 하늘의 하나님이시며, 거룩하고 이름이 거룩히 여김을 받으시기에 합당한 분이시라는 것을 알게 되었어요. 또한 우리가 그분이 계신 곳으로 나아갈 때 그분의 성품과 행하신 일에 대해 경배와 찬양을 드려야 한다는 것도 배웠어요.

우리가 하나님께 경배하면서 우리의 관심을 그분께 드리면, 그분께 우리의 삶을 헌신하고 우리 삶의 첫 번째 자리를 내어드릴 준비가 된 거예요. 그 다음 단계는 최고사령관님이 우리 삶을 이끄시도록 그분의 뜻에 순종하는 것이었어요. 바로 입대한 군인이 서약하면서 자기 개인적인 계획들을 국가와 최고사령관님을 위해 내려놓는 것처럼 말이에요.

하나님의 특수부대원은 언제나 최고사령관님을 위해 자기가 원하는 것들을 쉽게 포기할 수 있을까요? 아니에요! 우리가 다시 태어나서 그리스도 안에 새로운 피조물이 되었을지라도 우리는 여전히 육체 가운데 있기 때문에 이기적으로 자기 욕심을 따르는 마음이 남아 있어요. 때로는 우리에게 최선의 것이 무엇인지는 자신이 가장 잘 알고 있다는 생각에 최고사령관님을 섬기는 일에 어려움을 당할 때도 있어요.

하지만 정말로 모든 것을 아시는 분은 누구지지요? 하나님이신가요, 아니면 여러분 자신인가요? 하나님은 정말 선하신가요? 우리를 사랑하시고 우리를 위한 최선의 것이 무엇인지 알고 계신가요? 그렇다면 여러분은 누굴 신뢰해야 하나요? 아직도 배우고 성장해야 하는 신참 병사인 여러분 자신인가요, 아니면 전지전능하신 최고사령관님이신가요?

우리 통신 전문가께서 겟세마네 동산에서 아버지께 기도하신 것을 통해 고난의 순간에 우리는 어느 위치에 있어야 할지 알아보도록 해요.

밑에 나온 누가복음 22:41-44을 읽으며 예수님께서 겪으신 감정이나 고통에 대한 부분이 있다면 두 줄로 밑줄을 치세요.

41그들을 떠나 돌 던질 만큼 가서 무릎을 꿇고 기도하여 42이르시되
아버지여 만일 아버지의 뜻이거든 이 잔을 내게서 옮기시옵소
서 그러나 내 원대로 마시옵고 아버지의 원대로
되기를 원하나이다 하시니 43천사가 하늘로부터
예수께 나타나 힘을 더하더라 44예수께서 힘쓰고 애
써 더욱 간절히 기도하시니 땀이 땅에 떨어지는 피 방울
같이 되더라

예수님의 마음은 어떠셨나요?(22:44)

예수님께서 매우 뜨겁게 기도하실 때 그분의 몸에는 어떤 일이 있었나요?

예수님께서는 하나님께 무엇을 해달라고 기도했나요?(22:42)

"아버지여, 만일 아버지의 ______ 이거든 ______

이렇게 기도하신 후, 예수님은 아버지의 뜻에 순종하셨나요?

예 ______ 아니오 ______

그 말씀은 무엇인가요?

"그러나 ______ 마시옵고, ______ 의 ______ 되기를 원하나이다."

예수님의 마음이 어떠셨을지, 그분의 몸에 있었던 일을 생각해보세요. 예수님은 쉽게 아버지의 뜻에 순종하신 건가요, 아니면 힘들지만 노력하셨나요?

그것은 정말 어려운 노력이었어요. 심지어 땀이 피가 될 정도였으니! 혹시 피를 땀으로 흘리는 사람을 본 적이 있나요? 우리의 몸은 아주 심한 스트레스를 받으면 쓰러지는 경우가 생기는데 그러면 자연히 스트레스가 풀리면서 혈압이 내려가요. 하지만 쓰러지지 않으면 혈압이 너무 높아져서 머리에 있는 작은 모세혈관이 터지고 피가 땀에 섞여서 나오게 되는 거예요. 이런 경우에는 정말 끔찍한 두통이 와요! 예수님께서는 땀방울이 핏방울이 될 정도로 극심한 육체적 스트레스를 받으셨지만, 하나님께서 천사를 보내셔서 힘을 주셨어요.

예수님은 왜 이런 고통 가운데 계셨을까요? 그분이 무엇을 위해 기도했는지를 보세요. 그분은 하나님께서 그 잔을 옮겨주시길 기도하셨어요. 그 잔은 예수님이 세상의 모든 죄를 대신해 십자가에서 죽으시는 것이었어요. 하나님은 우리가 지었던, 그리고 짓게 될 모든 죄들을 예수님이 대신 받게 하셨어요. 예수님은 여러분과 나의 죄 때문에 저주를 받으신 거예요.

또한 하나님께서는 죄를 볼 수 없는 거룩하신 분이시기 때문에, 그때 예수님께 등을 돌리셨어요. 그때가 예수님께서 아버지로부터 육체적으로, 그리고 영적으로 떨어지신 첫 번째 순간이었을 거예요. 예수님께서 이런 지옥 같은 고난을 견디고 싶어 하셨을까요? 아니에요! 그래서 예수님은 아버지이신 하나님께 그 잔을 옮겨달라고 간청했어요. 그런데 그분이 어떻게 간청하셨는지를 알아야 해요.

"만일 아버지의 뜻이거든 이 잔을 내게서 옮기시옵소서. 그러나 내 원대로 마옵시고 아버지의 원대로 되기를 원하나이다."

예수님은 십자가에서 고통 당하는 것이 싫었지만 하나님의 뜻에 복종하기로 결심하셨어요. 어떤 고생을 무릅쓰고서라도 하나님의 뜻을 행하기로 작정하셨던 거예요. 정말 엄청나지 않나요? 예수님은 단순히 아버지를 경배하신 것뿐만 아니라, 아버지의 뜻에 순종하기 위해 하나님과 다름없는 자신의 권세를 포기하셨어요.

만약 여러분이 원하는 것이 하나님이 여러분을 위해 계획해두신 최선의 것에 반대

되는 것이라면 그래도 그것을 계속 고집할 건가요?

만약에 그때 예수님이 하나님의 뜻을 놓고 기도하지 않으셨다면 어떻게 되었을까요? 너무 힘든 길이라서 하나님이 주신 그 잔을 마시지 않기로 하셨다면, 우리는 어떻게 되었을까요? 우리는 아무런 방법도 소망도 없이 죄로 인해 죽었을 거예요. 예수님이 아버지를 기쁘시게 하기 위해, 그 뜻에 순종하기 위해 모든 것을 불평하지 않고 행하셨다는 사실이 정말 기쁘지 않나요? 하나님 앞에서 우리의 뜻을 포기한다는 것이 쉬운 일은 아니지만, 하나님의 계획이 언제나 최선이라는 것을 무슨 일이 있어도 기억해야 해요!

정말 잘했어요! 우리 병사들이 전부 제 위치를 찾았군요. 내일도 최고사령관님의 뜻을 발견해가는 일을 계속하게 될 거예요.

잠자리에 들기 전에 기도일지를 꺼내서, **"뜻이 하늘에서 이루어진 것 같이, 땅에서도 이루어지이다"**라는 제목이 적혀 있는 페이지에 최고사령관님께 드리는 기도를 써 보세요. 하나님께서 여러분에게 그분의 뜻을 알 수 있는 지혜와, 예수님처럼 고난 가운데 순종할 수 있는 의지를 주시길 간구하세요.

다섯째 날

최고사령관님의 작전 실행하기

"여기는 대장, 기도용사 1 나와라. 오버."

"대장님, 여기는 기도용사 1입니다. 오버."

"기도용사 1, 달릴 준비 되었나? 오버."

"기도용사 1. 달릴 준비 되었습니다. 오버."

"기도용사 1, 작전 실행하라. 통신 끝."

"알겠습니다. 통신 끝."

병사 여러분, 이제 가서 최고사령관님의 작전을 실행해요.

하나님의 특수부대원이 최고사령관님의 계획을 알려면 어떻게 해야 한다고 했나요? 그분과 통신하고 그분 안에 거하며(말씀과 기도를 통해 하나님을 알아가는 것), 또한 그분의 말씀이 우리 안에 거해야 해요.

하지만 만약 우리의 통신채널에 아무런 소리도 잡히지 않는다면 어떻게 최고사령관님의 작전을 알 수 있나요? 우린 곤경에 처한 건가요, 아니면 그분이 대비책을 갖고 계실까요?

로마서 8:14을 찾아 읽어보세요. 하나님의 자녀된 우리는 어떻게 인도함을 받나요?

로마서 8:26-27을 읽어보세요.

우리가 연약하고 기도할 바를 알지 못할 때 누가 도와주시나요?(8:26)

성령님은 어떻게 성도(예수님을 믿는 자들)를 위해 간구하시나요?(8:27)

..........................의 ....대로

누구를 위해 간구한다는 것이 무슨 뜻인 줄 아나요? 그것은 다른 사람의 입장에서 대신 기도하는 거예요. 이 구절은 우리가 어떻게 기도해야 할지 알지 못할 때, 하나님의 뜻을 이해하시는 성령님(우리가 하나님의 자녀가 된 순간부터 하나님이 보내셔서 우리 옆에서 도와주시는 분)께서 우리를 위해 대신 기도해주신다고 가르쳐줘요. 예수님은 요한복음 14장에서 자신이 하늘로 올라가시게 되면, 우리를 도와주실 진리의 영을 보내셔서 고아와 같이 내버려두지 않겠다고 말씀하셨어요.

하나님은 언제나 우리를 향한 선한 계획을 갖고 계세요. 그래서 우리에게 성령님을 보내주셔서 우리가 기도하며 하나님의 뜻을 구할 때, 성령님이 하나님의 뜻을 알고 대신 우리를 위해 기도하도록 해주셨어요.

우리를 그분의 뜻 가운데로 이끄시기 위해 우리를 도와줄 분을 보내주셨다는 것은 알았는데, 그렇다면 우리가 최고사령관님의 뜻을 더 구체적으로 알 수 있는 방법은 없을까요?

로마서 12:1-2을 읽어보세요.

1그러므로 형제들아 내가 하나님의 모든 자비하심으로 너희를 권하노니 너희 몸을 하나님이
기뻐하시는 거룩한 산 제물로 드리라 이는 너희의 드릴 영적 예배니라 2너희는 이 세대를 본
받지 말고 오직 마음을 새롭게 함으로 변화를 받아 하나님의 선하시고 기뻐하시고 온전하신

뜻이 무엇인지 분별하도록 하라

우리의 몸을 어떻게 드리라고 하나요?(12:1)

우리가 본받지 말아야 할 것은 무엇인가요?(12:2)

대신 우리가 해야 할 것은 무엇인가요?

왜 이것을 해야 하나요?

....이 무엇인지 분별하도록

하나님께서는 로마서 12:1-2을 통해서 하나님의 뜻을 분별하는 구체적인 방법을 알려주셨어요.

1. 우리는 우리 몸을 산 제물로 드려야 해요.

하나님께서는 구약 성경의 제단에 드려진 제물들처럼, 우리의 삶을 제물로 드리기를 원하세요. 우리는 "하나님, 나를 통해 하나님이 기뻐하시는 일을 이루소서"라고 말씀드리면서 우리의 삶을 내려놓아야 해요. 내려놓는다는 것은 자기 욕심과 고집,

이익을 포기하고 하나님이 원하시는 대로 이루어지도록 기대하는 거예요. "나의 뜻이 아닌, 당신의 뜻을 이루소서"라고 말씀하신 예수님처럼 되어야 해요.

2. 우리는 마음을 새롭게 함으로 이 세상과 다르게 살아야 해요.

세상이 기대하고 강요하는 모습으로 살면 안 돼요. 하나님의 말씀을 공부하면 변화를 받아 세상이 우리에게 옳다고 하는 말들을 뒤로하고 하나님의 말씀에 합당하게 살게 될 거예요. 우리 마음은 새롭게 되어서 예수님의 마음을 갖게 될 거예요.

이제 여러분은 하나님의 구체적인 뜻을 알게 되었어요.

- 여러분의 삶을 제단 위에 드리고 하나님의 뜻이 이루어지도록 할 건가요?

네 .... 아니오 ....

- 여러분의 마음은 세상에 맞춰져 있나요, 하나님의 말씀으로 변화받았나요?

....

어떤 친구들은 여러분에게 그들처럼 말하고, 그들이 듣는 음악을 듣고, 그들이 입는 옷을 입으라고 강요할 거예요. 하지만 여러분은 하나님의 자녀이기 때문에, 세상이 아닌 하나님을 닮아가는 사람이 되어야 해요.

- 여러분은 어떤 음악을 듣나요?

- 여러의 말투는 어떤가요? 특히 실망하거나 화가 날 때 어떤 말을 사용하나요?

- 여러분은 하나님을 경외하는 마음으로 옷을 입나요, 아니면 단지 다른 사람들처럼 근사해보이기 위한 옷을 입나요? 지금 어떻게 하고 있는지 적어 보세요.

- 다른 친구들을 어떻게 대하고 있나요? 멋있어 보이고 인기 많은 아이들하고만 친하게 지내지는 않나요?

자, 이제 최고사령관님과 대화하는 시간을 가지세요. 세상과 같은 모습으로 살고 싶지 않다고 기도하세요. 여러분 삶 속에 세상과 같은 모습들이 무엇이 있는지 보여주시고, 하나님이 기뻐하시는 모습으로 삶이 변화되도록 도와주시길 간구하세요. 우리의 마음을 새롭게 하셔서 그분의 진리를 알게 해달라고, 매일 여러분의 삶 속에 하나님이 원하시는 것을 보여주시길 기도하세요.

아주 뛰어난 정찰 임무였어요! 최고사령관님의 작전을 잘 수행했어요.

여섯째 날

최고사령관님과 통신 주고받기

오늘의 임무는 다양한 전파통신장비의 사용법을 배우는 거예요.

통신 전문가에게 있어서 자신의 통신장비들이 어떻게 작동하는지를 이해하고 기억하는 것은 매우 중요한 일이에요. 먼 곳에서 힘든 임무를 수행해야 할 때는 그곳의 환경과 상관없이 통신할 수 있는 방법을 알고 있어야 하거든요. 여러분도 알다시피, 모든 지역에 통신위성 안테나가 있는 것이 아니기 때문에 때로는 위성통신장비도 사용할 수 없을 때가 있어요.

이런 경우에 특수전선 안테나를 공중에 이어서 설치하는데, 이렇게 하면 통신 신호가 공중으로 흩어지지 않고 세계 어디서든지 안전하게 전파를 쏠 수가 있어요.

모두 짐을 들고 이동할 준비가 되었나요? 그럼 시작해요. 먼저 전선 안테나를 자르고 매다는 방법을 알아야 우리 최고사령관님과 통신하면서 그분의 뜻을 받을 수 있어요. 지금까지의 훈련을 통해서 우리가 하나님의 뜻을 알 수 있는 길은 우리를 하나님께 산 제물로 드리고, 절대로 자신이 하신 말씀과 성품에 반대되는 일이 없으신 하나님의 말씀을 알아가는 것이라고 배웠어요.

오늘은 훈련 현장으로 나가서 하나님의 뜻을 아는 세 번째 방법을 배우게 될 거예요. 요한복음 15:7을 한 번 더 보도록 해요.

너희가 내 안에 있고 내 말이 너희 안에 있으면, 무엇이든지 원하는 대로 구하여라. 그리하면 너희에게 이루어질 것이다._쉬운성경

무엇이든지 구하기 위해서 우리 안에 거해야 하는 것은 무엇인가요? ....

"내 말이 너희 안에 거한다"는 것은 무슨 의미일까요? 요한복음이 들어 있는 신약성경은 원래 헬라어(그리스 말)로 쓴 것이기 때문에 헬라어로 '말'이 어떤 뜻인지 알아보도록 해요. 요한복음 15:7의 '말'은 **'레마(rhema)'**라는 헬라어인데, "입으로 얘기한 것, 대화나 글에 쓰여진 것"이라는 의미예요. 따라서 요한복음 15:7에 쓰인 '말'의 의미는, 우리가 하나님께 말씀드릴 것이 있을 때, 하나님이 말씀을 통해 그분의 뜻을 보여주시고, 우리가 그에 따라 구하는 무엇이든지 이뤄진다는 거예요.

그렇다면 하나님은 어떤 방법으로 우리에게 레마를 주실까요? 우리에게 어떻게 이야기하시는 걸까요? 우리가 하나님과 단둘이 시간을 보내고, 경배를 드리고, 우리 몸을 산 제물로 드리는 시간에 하나님께 그분의 뜻을 알려달라고 간구할 수 있어요. 그 후에는 하나님의 성령께서 여러분을 이끄시도록 기다려야 해요.

우리가 처한 상황 속에서 하나님의 뜻을 구할 때, 하나님께서 여러 가지 방법으로 우리 마음에 고요하게 말씀해주세요. 조용히 경건의 시간을 갖고 있을 때 응답을 주

시거나, 아니면 특정한 성경말씀을 읽어서 알도록 해주시기도 하고, 또는 이미 알고 있던 성경말씀을 우리 마음에 생각나도록 해주실 때도 있어요.

하지만 조심해요! 레마, 즉 하나님께서 주시는 구체적인 말씀은 우리가 성경말씀을 묵상할 때 깨닫게 하시는 하나님의 음성인 거예요. 우리가 우리의 상황에 들어맞도록 억지로 말씀을 찾아서 하나님의 뜻이라고 판단했다면, 그것은 레마가 아니에요. 하나님께서 우리를 인도하시기 위해 우리의 마음에 조용하게 말씀해주시는 것이 바로 레마예요.

하나님께서는 우리가 그분의 말씀을 따라 기도하길 원하시지만, 아무 말씀이나 레마로 여기고 기도하지 않도록 조심하세요. 하나님께서는 그때그때의 상황 속에 각기 다른 말씀을 구체적으로 허락하세요.

어떤 것이 정말 하나님의 뜻인지 알지 못하고 그냥 구하는 기도에 대한 예를 들어볼게요. 만약 우리에게 몸이 아픈 친구가 있어서 야고보서 5:14-15에서 나온 대로 기도한다고 해봐요.

14너희 중에 병든 자가 있느냐 그는 교회의 장로들을 청할 것이요 그들은 주의 이름으로 기
름을 바르며 그를 위하여 기도할지니라 15믿음의 기도는 병든 자를 구원하리니 주께서 그를
일으키시리라 혹시 죄를 범하였을지라도 사하심을 받으리라

병든 사람을 치료하기 위해 어떻게 기도했나요?

이 말씀은 어떤 사람을 치료하는 것이 하나님의 뜻인지를 그분으로부터 확인받고

기도한다는 것을 알려줘요. 만약에 이 말씀을 따라 아픈 친구를 위해 기도했다면 하나님께서 그를 치료해주실까요? 하나님의 뜻이 그를 치료하시는 것이라면 그렇게 될 거예요. 그러므로 중요한 것은 내가 기도하는 것이 하나님의 뜻인지 아닌지를 확실히 아는 거예요.

고린도후서 12:7-9을 찾아 읽어보세요.

바울이 자만하지 않도록 하나님께서 그에게 주신 것은 무엇인가요?(12:7)

육체의 ....

바울이 주님께 구했던 것은 무엇인가요?(12:8)

....

바울은 끈질기게 기도했나요? 그는 몇 번 간구했나요? .... 번

하나님께서는 바울의 기도에 어떻게 응답하셨나요?(12:9)

"내 ....가 네게 .... 이는 내 능력이 ....데서 온전하여짐이라."

바울은 하나님께 자신을 치료해달라고 세 번이나 간구했어요. 하지만 하나님은 안 된다고 응답하셨어요. 왜냐하면 바울에게 그런 고통(육체의 가시)을 주셨던 목적이 있기 때문이에요. 그 목적은 바울이 자만하지 않게 하는 것이었어요.

하나님은 그분의 뜻을 갖고 계시기 때문에, 자신의 병을 고쳐달라고 기도하는 사람들의

소원을 언제나 들어주시진 않아요. 때로 하나님께서는 특별한 목적이 있어서 어떤 사람을 아프게 하시기도 해요. 우리는 야고보서의 말씀을 사용해서 우리가 아는 모든 아픈 사람을 위해 기도해줄 수는 없어요. 하나님의 말씀과 뜻을 받았다는 생각이 들 때마다, 그것이 정말 하나님의 뜻인지를 확실하게 짚고 넘어가야 해요.

자, 그렇다고 해서 우리가 하나님의 뜻을 알기 위해서는 항상 레마가 필요할까요? 아니에요! 여러분이 하나님 안에 거하는 시간을 가지면서 그분의 성품과 그분의 말씀을 알아가다 보면, 때로는 자연스럽게 하나님의 뜻이 무엇인지 알게 돼요.

하지만 만약 그분의 뜻이 필요한 상황 속에서, 우리가 하나님 안에 거하고 그분의 말씀을 공부했는데도 하나님께서 구체적인 말씀을 주시지 않았다면 어떻게 해야 할까요? 그냥 하나님의 뜻을 모르는 상태로 기도해야 하나요? 그래요. 우리가 성령님에 대해서 배웠던 것을 기억하나요? 성령님은 우리가 어떻게 기도해야 할지 모를 때 우리를 위해 기도해주세요(로마서 8:26-27).

그러면 우리가 하나님의 뜻을 모를 때 어떻게 기도해야 할지 알아봐요.

하나님 아버지, 제가 지금 어떻게 기도해야 할지 모르겠지만 저는 제 친구의 병이 나았으면 좋겠어요. 하지만 먼저, 하나님께서 그 친구를 향해 갖고 계신 뜻이 이뤄지길 원합니다. 제가 바라는 것을 하나님께 내려놓습니다. 주님이 아시는 제 친구를 위한 가장 좋은 일을 해주세요. 만약 주님의 뜻이라면 그 병을 고쳐주시고, 주님의 뜻이 아니라면 이 상황 가운데 당신의 영광을 보여주세요. 제 기도를 들으시고 하나님의 거룩한 뜻으로 응답하실 것에 감사합니다. 예수님의 이름으로 기도합니다. 아멘.

우리가 하나님의 뜻을 구할 때, 하나님과 성령님께서 우리를 인도하고 계시다고 어떻게 확신할 수 있나요?

38그들이 길 갈 때에 예수께서 한 마을에 들어가시매 마르다라 이름하는 한 여자가 자기 집
으로 영접하더라 39그에게 마리아라 하는 동생이 있어 주의 발치에 앉아 그의 말씀을 듣더니
40마르다는 준비하는 일이 많아 마음이 분주한지라 예수께 나아가 이르되 주여 내 동생이 나
혼자 일하게 두는 것을 생각하지 아니하시나이까 그를 명하사 나를 도와주라 하소서 41주께
서 대답하여 이르시되 마르다야 마르다야 네가 많은 일로 염려하고 근심하나 42몇 가지만 하
든지 혹 한 가지만이라도 족하니라 마리아는 이 좋은 편을 택하였으니 빼앗기지 아니하리라
하시니라

마리아는 무엇을 하고 있었나요?(10:39)

....

마르다는 무엇을 하고 있었나요?(10:40)

마르다는 .... 이 많아 .... 이 .... 한지라.

마르다는 주님이 마리아에게 무엇을 얘기해주시길 구했나요?

....

마리아의 부탁에 주님은 무엇이라고 대답하셨나요?(10:41-42)

....

가장 필요한 것을 택한 사람은 누구인가요?(10:42)

가장 필요한 것은 무엇인가요? 마리아가 하고 있었던 것은 무엇인가요?

마르다는 왜 염려하고 근심했나요? 여러분은 마르다와 마리아 중에 어느 편에 가까운 사람인가요? 가장 중요한 일이 무엇인지 이제 알겠나요? 마리아가 하고 있었던 일은 무엇이었나요? 그녀는 주님의 발아래 앉아서 그분의 말씀을 듣고 있었어요. 하나님께서 우리를 인도하고 계시다는 확신은 우리가 그분의 발아래 앉아서 그분의 말씀을 들을 때 생겨요.

그럼 여러분의 통신채널이 잘 작동하고 있는지 점검해봐요. 기도와 하나님의 뜻을 아는 것에 대해 배운 내용을 복습해보도록 해요.

1. 우리는 우리 몸을 산 제물로 하나님께 드려야 해요. 완전히 우리 자신을 하나님께 드려야 해요. 하나님이 원하시는 것이 곧 우리가 원하는 선부예요.
2. 우리는 하나님과 그분의 말씀을 알고, 그분 안에 거해야 해요.
3. 우리는 그분께 부르짖어야 해요.

지금의 상황에서 그분이 갖고 계신 뜻이 무엇인지를 구하면 성령님께서 우리를 구체적인 말씀(레마)으로 인도하셔서 그분의 뜻을 알려주실 거예요. 우리는 그분의 발 아래서 앉아, 그분의 말씀을 들으며 기다려야 해요.

대원들, 전선안테나가 정말 환상적으로 잘 설치되었어요. 최고사령관님의 메시지가 크고 명확하게 잘 들려요!

일곱째 날

어둠 속에서 목표물 발견하기

자, 전파 작전의 전문가가 되었으니, 이제는 야간에 해야 하는 작업에 대해 알아보도록 해요. 특수부대원들은 낮과 밤에 상관없이 이동할 수 있는 능력이 있어야 해요. 야간에 잠복하면 상대가 우리 행동을 예상하지 못하기 때문에 우리 편에게 유리해요.

이제 적외선 망원경(밤에도 잘 보이는 망원경)을 가지고 최고사령관님의 명령을 따르세요. 먼저 망원경으로 여러분의 처음 목표를 찾고, 어둠 속에서 작전 지역으로 이동하도록 해요.

첫 번째 목표물은 **중보기도**예요. 중보기도는 예수님의 기도 법칙 중에 어디에 해당하나요? 중보기도가 뭔지 알고 있나요? 바로 다른 사람을 위한 기도를 말해요. 저번 주에 우리는 성령님께서 우리를 위해 하나님께 나아가 간구해주신다고 배웠어요. 틀림없이 하나님께서는 우리가 서로를 위해 기도하기 원하실 텐데, 주기도문에서는 중보기도에 대해 뭐라고 이야기할까요?

마태복음 6:9-13을 읽고 두 명 이상의 사람들을 가리키는 대명사, '우리'를 파란색 동그라미로 표시해보세요.

어떤 것을 알 수 있나요? 우리가 기도하는 아버지는 누구의 아버지이신가요?

.... 아버지

이 기도는 나에게 일용할 양식을 달라고 하나요, 아니면 우리에게 달라고 하나요?

....

용서하고 용서받는 사람은 누구인가요? '나'인가요, 아니면 '우리'인가요? ....

명중이에요. 지금 여러분은 첫 번째 목표물을 맞혔어요! 예수님께서는 단지 우리 자신을 위해서가 아니라, 다른 사람들을 위해서도 기도해야 한다는 사실을 가르쳐 주시기 위해 '우리'라는 말을 기도 법칙에 사용하신 거예요!

이제 다음 목표물을 탐색해봐요. 예수님의 기도 법칙에서 아직 예수님을 구주로 영접하지 못했거나 방황하는 사람들을 위해 기도하는 것에 대해 알려주는 문장이 어떤 건가요? 두 번째 문장을 보세요. **"나라가 임하시오며."** 우리가 "나라가 임하시오며"라고 기도하는 것은 우리의 충성의 서약을 최고사령관님께 드리는 동시에, 예수님께서 다시 오셔서 이곳에 그분의 나라를 세우시길 구하는 거예요.

베드로후서 3:9을 찾아 읽어보세요. 이 말씀은 예수님께서 세상에 다시 오셔서 통치하신다고 약속하신 것에 대해 말해주고 있어요.

주님께서는 무엇을 기다리시나요?

놀랍지 않나요? 하나님께서는 이 땅의 한 사람, 한 사람을 창조하셨어요. 우리가 그분의 뜻에 대해 공부하면서 보았듯이, 그분의 뜻은 모든 사람이 그분을 알고 그분의 아들을 믿어 영원히 그분과 함께 사는 거예요. 하나님께서는 모든 사람들이 예수 그리스도를 자신의 구주로 영접하고 그리스도인이 되기 전까지는 그분의 나라를 이루시기 위해 예수님을 다시 보내지 않으실 거예요.

그렇다면 하나님의 나라가 임하시고, 그분이 우리 삶의 첫 번째가 될 수 있도록 우리가 기도해야 하는 다른 한 가지는 무엇인가요?

두 번째 목표물을 맞혔나요? 구원받지 못한 채 방황하는 이들을 위해 기도해야 한다고 적었나요? 예수님의 기도 법칙 중 두 번째 문장인, "나라가 임하시오며"를 기도할 때는, 예수님께서 다시 오셔서 통치하실 수 있도록, 구원받아야 할 사람들을 위해 기도해야 한다는 것을 기억하세요.

여러분이 아는 사람 중에 아직 예수님을 모르는 사람이 있나요? 그 사람들이나, 아니면 아무나 기억나는 사람들 중에 구원받아야 할 사람들의 이름을 기도일지의 **"나라가 임하시오며"**로 제목이 적힌 쪽에 적으세요. 그 사람들의 사진이 있다면, 얼굴을 보면서 기도할 수 있도록 붙여놓으세요. 그들을 위해 무엇을 기도해야 할까요? 그들을 위해 하나님께 어떻게 기도해야 할까요?

밑에 있는 사도행전 26:18을 보세요.

그들이 눈을 뜨게 하고, 어두움에서 빛으로 사탄의 세력에서 하나님께로 돌아오게 하겠다. 그리하여 그들의 죄를 용서받을 수 있게 하고, 또 나를 믿어 거룩하게 된 백성들과 한자리에 들게 하겠다._쉬운성경

그럼 이 말씀대로 구원이 필요한 친구들을 위해 기도하세요. 잘했어요, 여러분의 기도로 하나님의 나라가 더욱 앞당겨질 거예요.

4주

작전 명령 : 최고사령관님께 구하고 받기

이제 하나님의 "Q"코스를 마무리하는 결승점이 얼마 남지 않았어요! 3단계 훈련을 모두 마치고, 마지막 한 주의 훈련만이 남아 있어요. 이 훈련이 모두 끝나면 여러분은 하나님의 특수부대원이 될 거예요. 훈련을 시작할 준비가 되었나요? 그럼 장비를 챙기고 최고사령관님께 훈련신고를 하세요.

첫째 날

3단계 훈련

하나님의 "Q"코스의 고급 훈련을 시작할 준비가 되었나요? 이 마지막 단계에서 여러분은 훈련 현장으로 돌아가 동료 병사들과 함께 가상 실전 임무를 수행한 뒤 하나님의 특수부대 유니폼을 입을 자격이 있는지 평가받게 될 거예요.

다음 훈련 장비의 분류와 지급을 기다리는 동안에 예수님의 기도 법칙을 통해 여러분의 정신을 깨끗하게 하세요. 주기도문의 네 번째 문장을 빈 칸에 써보세요.

이제는 밑에 나와 있는 성경말씀을 보고 다섯 개의 구절 모두에서 반복되고 있는 중심 단어를 찾아보세요. 중심 단어를 찾으면 노란색으로 모두 표시하세요.

요한복음 14:13 - 너희가 내 이름으로 무엇을 구하든지 내가 행하리니 이는 아버지로 하여금 아들로 말미암아 영광을 받으시게 하려 함이라

요한복음 16:23 - 그 날에는 너희가 아무것도 내게 묻지 아니하리라 내가 진실로 진실로 너희에게 이르노니 너희가 무엇이든지 아버지께 구하는 것을 내 이름으로 주시리라

누가복음 11:9~10 - 내가 또 너희에게 이르노니 구하라 그러면 너희에게 주실 것이요 찾으라 그러면 찾아낼 것이요 문을 두드리라 그러면 너희에게 열릴 것이니 구하는 이마다 받을 것이요 찾는 이는 찾아낼 것이요 두드리는 이에게는 열릴 것이니라

마태복음 21:22 - 너희가 기도할 때에 무엇이든지 믿고 구하는 것은 다 받으리라 하시니라

요한복음 15:16 - 너희가 나를 택한 것이 아니요 내가 너희를 택하여 세웠나니 이는 너희로 가서 열매를 맺게 하고 또 너희 과실이 항상 있게 하여 내 이름으로 아버지께 무엇을 구하든지 다 받게 하려 함이라

이 말씀들 속에서 중심 단어는 무엇인가요? ....

주기도문의 네 번째 문장에 '구하다'라는 말이 있나요? ....

이 문장의 제목은 무엇으로 했나요?

....

'청원하다'가 무슨 뜻인지 알고 있나요? '청원하다'는 "구하거나 간청하다"의 의미예요. 그렇다면 예수님께서 이 문장을 통해 우리에게 가르치시려는 것은 무엇인가요? 우리가 무엇을 구하기를 원하시나요?

....

우리는 어떻게 구해야 하나요? 위의 성경구절 중에 요한복음 14:13, 16:23, 15:16을 보고 대답해 보세요. ....으로

이 이름은 누구의 이름인가요? 알고 있나요? ....

이 말씀들은 우리가 아버지께 기도로 나아가 우리의 소망을 구할 때 예수님의 이름으로 구해야 함을 알려줘요. 그렇다고 단지 예수님의 이름을 말하기만 하면 된다는 것이 아니에요. 예수님의 성품과 길을 따라서 구해야 한다는 거예요. 하나님의 아들이신 예수님을 통하여 그분이 어떤 분이신지와 하나님의 말씀에 의지하여 아버지께 기도드리세요.

그렇다면 우리는 한 번만 기도해도 될까요, 아니면 계속적으로 기도해야 할까요?

첫째 주에 누가복음 11:9-10에서 간구하는 것, 구하는 것에 대해 배운 것을 기억하나요? 그 말씀에서 '구하라'는 현재 시점을 말하고 있어요. 즉, 계속적으로 일어나는 행동이란 말이죠. 기억하세요! 우리는 구하는 것을 쉬지 않는, 끈질긴 기도를 해야 해요.

이제는 야고보서 4:1-3을 보세요.

[1]너희 중에 싸움이 어디로부터 다툼이 어디로부터 좇아 나느냐 너희 지체 중에서 싸우는 정
욕으로부터 나는 것이 아니냐 [2]너희는 욕심을 내어도 얻지 못하여 살인하며 시기하여도 능
히 취하지 못하므로 다투고 싸우는도다 너희가 얻지 못함은 구하지 아니하기 때문이요 [3]구
하여도 받지 못함은 정욕으로 쓰려고 잘못 구하기 때문이라

싸우고 다투는 이유는 무엇이라고 하나요?(4:2)

....

얻지 못하는 이유는 무엇인가요?

....

그렇다면 얻고자 할 때 어떻게 해야 하나요? ....

그들이 구하지 않았다는 것은 하나님을 신뢰했다는 건가요? ....

구하여도 받지 못한 이유는 무엇인가요?(4:3)

그렇다면 우리가 어떻게 구하는지는 중요한 문제인가요? 예 ...... 아니오 ......

하나님은 언제나 우리를 위한 최선의 것이 무엇인지 알고 계시다는 사실을 기억하세요. 그렇기 때문에 우리가 잘못된 마음으로 구하면, 하나님은 안 된다고 응답하실 거예요. 야고보서 말씀을 이사야 31:1과 비교해보세요.

도움을 구하러 애굽으로 내려가는 자들은 화 있을진저 그들은 말을 의지하며 병거의 많음과 마병의 심히 강함을 의지하고 이스라엘의 거룩하신 이를 앙모하지 아니하며 여호와를 구하지 아니하리니.

그들은 도움을 구하러 어디로 갔나요?

그들이 의지한 것은 무엇인가요?

그들은 누구를 앙모하고 구하지 않았나요?

그 결과는 무엇이었나요? ......있을진저.

야고보서와 이사야의 말씀은 모두 우리에게 필요한 것들을 하나님께 구하라고 알려주고 있어요. 우리 자신이나 이 세상을 의지하면 안 돼요. 이집트는 세상을 나타낸다는 걸 알고 있나요? 하나님만이 유일한 우리의 공급자이세요. 그러므로 우리는 그분을 의지해야 해요.

- 이제 여러분은 누구를 의지할 건가요? 사람인가요, 하나님인가요?

- 여러분은 필요한 것을 하나님께 구하나요, 아니면 여러분이 스스로 해결하려고 노력하나요?

오늘의 과정을 마치면서 기도 연습을 해보도록 해요. 여러분의 기도일지 다음 페이지에 "**오늘 우리에게 일용할 양식을 주시옵고 – 청원(일이 이루어지도록 요청하고 원하는 것)과 중보**"라고 제목을 써넣으세요. 페이지를 예쁘게 꾸미고 최고사령관님께 여러분이 필요한 것을 채워주시길 구하는 기도를 적으세요. 여러분이 필요한 모든 것을 채우시고 응답하실 그분을 신뢰하고 의지하기 원한다고 말씀드리세요.

둘째 날

물자 요청

좋아요, 이제 장비가 분류되고 지급되었으니 헬리콥터를 타고 재충전 훈련과 낙하산 훈련을 하도록 하겠어요. 가상 실전 임무를 준비하기 위해 먼저 공중 낙하 작전을 세워야 해요.

이 작전을 차근차근 계획해 나가려면 우리에게 이번 임무를 위한 물자가 충분히 있는지, 또한 낙하산을 타고 도착해야 할 지점을 정확히 알아봐야 해요. 적군의 방해가 없이 우리 물자를 안전하게 내려놓을 수 있는 공터가 필요해요. 이번 실전 훈련에서 적군들의 첫 번째 목표는 물자를 차단시켜서 우리 작전을 실패하게 만드는 거예요.

자, 그럼 물자를 요청하고 지급받으려면 어떤 절차를 거쳐야 하는지 훈련지침서를 보면서 알아봐요. 야고보서 1:17에서 하나님께서는 뭐라고 말씀하셨나요?

각양 좋은 은사와 온전한 선물이 다 위로부터 빛들의 아버지께로서 내려오나니, 그는 변함도 없으시고 회전하는 그림자도 없으시니라.

모든 것이 누구로부터 오나요? ....

그분이 주시는 것들은 무엇인가요?

....

빌립보서 4:19에서 하나님께서 우리에게 주신 약속은 무엇인지 보세요.

나의 하나님이 그리스도 예수 안에서 영광 가운데 그 풍성한 대로 너희 모든 쓸 것을 채우시리라

하나님께서 무엇을 해주기로 하셨나요?

어떻게? .... 대로

우와! 최고사령관님께서는 우리가 앞으로 필요할 모든 것까지 주시기 위해 챙겨두고 계세요. 그분은 우리의 필요를 채우는 분이세요. 어제 이사야 31:1에서 공부한 내용을 기억하나요? 우리가 하나님의 도움없이 우리 자신과 세상을 의지해서 하는 일들의 결과는 오히려 불행이에요! 저주받아 불행한 삶을 살게 되는 거예요.

아래에 적힌 예레미야 17:5-8을 읽으면서 다음의 중심 단어에 표시하세요.

저주 ☞ 주황색 네모로 표시하고 갈색으로 칠하기

복 ☞ 파란색 구름으로 표시하고 분홍색으로 칠하기

5여호와께서 이와 같이 말씀하시니라 무릇 사람을 믿으며 육신으로 그의 힘을 삼고 마음이
여호와에게서 떠난 그 사람은 저주를 받을 것이라 6그는 사막의 떨기나무 같아서 좋은 일이
오는 것을 보지 못하고 광야 간조한 곳, 건건한 땅, 사람이 살지 않는 땅에 살리라 7그러나
무릇 여호와를 의지하며 여호와를 의뢰하는 그 사람은 복을 받을 것이라 8그는 물가에 심어
진 나무가 그 뿌리를 강변에 뻗치고 더위가 올지라도 두려워하지 아니하며 그 잎이 청청하며

가무는 해에도 걱정이 없고 결실이 그치지 아니함 같으리라

자, 그럼 육하원칙에 따라서 다음의 질문을 풀면서 우리가 믿고 의지해야 할 곳이 어딘지 살펴보도록 해요.

저주를 받은 사람은 무엇을 믿었나요?(17:5)

1. __________

무엇을 자신의 권력으로 삼았나요?

2. __________

저주받은 사람은 무엇과 같다고 하나요?(17:6)

3. _______의 4. ______________

5. 그는 _______ 간조한 곳에 거하리라.

축복을 받은 사람은 어떤 사람인가요?(17:7)

6. 여호와를 _______하는 그 사람

복을 받는 사람은 무엇과 같은 사람인가요?(17:8)

7. ________에 심어진 8. _______가

9. 그 _______를 10. _______에 뻗치고

11. _______가 올지라도 12. __________ 아니하며,

13. 그 잎이 _______하며 14. __________ 해에도

15. _______이 없고 16. _______이 그치지 아니함 같으리라.

복을 받는 사람과 저주를 받은 사람의 모습이 얼마나 다른지 똑똑히 볼 수 있도록 밑의 상자에 그림을 그려 보세요.

저주받은 사람

복 받은 사람

두 사람의 모습이 정말 많이 다르네요! 여러분은 어떤 사람이 되고 싶나요? 자기 자신을 믿고 저주받는 사람인가요, 아니면 주님을 의지하고 복을 받는 사람인가요?

여러분은 힘든 순간이 닥치면 두려운가요? 아니면 뿌리를 시냇가(강변)에 뿌리 내린 나무처럼 더위도 여러분을 해치지 못하고, 더군다나 하나님이 여러분을 채워주신다는 것을 알기 때문에 걱정이 없나요? 어떤 그림이 여러분의 모습인지 써보세요.

하나님을 얼마나 의지하고 있나요? 이번 임무에서 여러분에게 필요한 물자를 최고사령관님께 달라고 요청했나요? 그분과의 대화를 멈추지 말고 그분이 풍성하게 갖고 계신 것으로 여러분의 필요를 채워달라고 구하세요. 가뭄이 와도 걱정할 필요가 없는 물가에 심겨진 나무처럼 여러분을 만들어 달라고 말씀드리세요. 그분이 여러분을 위해 모든 것을 준비해두셨기 때문에 여러분에게 언제나 결실이 그치지 않을 것에 대해 감사드리세요.

셋째 날

지휘관과 통신하기

"여기는 대장, 기도용사 1 나와라. 오버."

"대장, 여기는 기도용사 1 나왔습니다. 오버."

"기도용사 1, 물자는 모두 도착 지점에 준비되었나? 오버."

"대장, 도착 지점에 물자를 준비시켰습니다. 오버."

"기도용사 1, 알겠다. 임무 실행하라. 오버."

"대장, 알겠습니다. 통신 끝."

지금의 통신 상태는 아주 크고 좋았어요, 자, 그럼 한 번 더 기도 법칙의 네 번째 문장을 보도록 해요. 우리는 무엇을 하나님께 구해야 하나요?

....

예수님께서 양식을 구하는 기도를 하실 때 그 의미는 무엇인가요? 우리는 단지 양식에 대해서만 구해야 할까요? 예 .... 아니오 ....

예수님께서 말씀하신 '양식' 에는 우리 인생에 필요한 모든 것이 포함되어 있어요.

이 양식은 어떻게 되어 있나요? ____ ____ ____ (ㅛㅎㅣㄹㅇㅇㅏㅇㄹ)

하나님의 이름은 **여호와 이레**예요. 그분은 우리의 공급자이시죠. 우리는 매일매일 그분께 나아가 우리의 필요를 채워주시길 구해야 해요.

데살로니가전서 5:17을 찾아 읽으세요.

우리는 어떻게 기도해야 하나요?

우리는 언제나 꾸준히 최고사령관님과 통신해야 해요. 기도하는 마음으로 삶을 살아가야 해요. 그분과 동행한다는 것은 쉬지 않고 그분과 기도해야 한다는 거예요.

그럼 구하는 기도에 대해 배웠던 내용이 어떤 것인지 복습해봐요. 예수님의 기도 법칙 세 번째 문장이 가르쳐준 것은 무엇인가요?

우리는 ______________ 대로 구해야 한다.

그분의 뜻을 어떻게 알 수 있나요? 우리가 그분 안에 ________ 고 그분의 말씀이 우리 안에 ________ 면 알게 된다.(ㅏ ㄱ ㅓ ㅎ)

어떻게 해야 한다고요? 우리 자신을 포기하고 하나님 안에 거해야 해요. 그렇다면 하나님께서 우리가 구한 것을 주시도록 하려면 어떻게 통신해야 하나요?

다음에 나오는 고린도후서 1:20을 읽어보세요.

하나님의 약속은 얼마든지 그리스도 안에서 예가 되니 그런즉 그로 말미암아 우리가 아멘 하여 하나님께 영광을 돌리게 되느니라.

우리는 무엇을 가지고 구해야 하나요? 어떻게 해야 좋다는 답을 얻을 수 있나요?

..................의..............

우리는 어떻게 하나님의 약속을 가지고 구할 수 있나요? 우리가 기도에 대해 배우면서 계속 들은 내용은 무엇인가요? 하나님이 어떤 분이신지를 알기 위해 우리가 공부해야 하는 것은 무엇인가요? 어떻게 해야 하나님 안에 거할 수 있을까요?

그분의 ....을 알기

이것이 바로 가장 중요한 문제예요! 그분의 말씀을 알지 못하는데 어떻게 그분의 약속을 가지고 기도할 수 있나요? 성경말씀이 곧 여러분의 기도가 되어야 해요. 하나님의 말씀을 공부하면서 그분의 약속을 알아가다 보면 여러분이 원하는 것을 위해 어떻게 기도해야 하는지도 깨닫게 될 거예요. 모세가 하나님의 약속을 가지고 어떻게 기도했는지를 살펴볼까요? 다음의 말씀은 출애굽기 32:9-14이에요.

9여호와께서 또 모세에게 이르시되 내가 이 백성을 보니 목이 뻣뻣한 백성이로다 10그런즉
내가 하는 대로 두라 내가 그들에게 진노하여 그들을 진멸하고 너로 큰 나라가 되게 하리라
11모세가 그의 하나님 여호와께 구하여 이르되 여호와여 어찌하여 그 큰 권능과 강한 손으로
애굽 땅에서 인도하여 내신 주의 백성에게 진노하시나이까 12어찌하여 애굽 사람들이 이르
기를 여호와가 자기의 백성을 산에서 죽이고 지면에서 진멸하려는 악한 의도로 인도해 내었
다고 말하게 하시려 하나이까 주의 맹렬한 노를 그치시고 뜻을 돌이키사 주의 백성에게 이
화를 내리지 마옵소서 13주의 종 아브라함과 이삭과 이스라엘을 기억하소서 주께서 그들을
위하여 주를 가리켜 그들에게 맹세하여 이르시기를 내가 너희의 자손을 하늘의 별처럼 많게
하고 나의 허락한 이 온 땅을 너희의 자손에게 주어 영영한 기업이 되게 하리라 하셨나이다

[14]여호와께서 뜻을 돌이키사 말씀하신 화를 그 백성에게 내리지 아니하시니라

모세는 왜 주님께 기도를 드렸나요? 하나님께서 이스라엘 백성들에게 하려고 하셨던 일은 무엇인가요?(32:9-10)

모세는 어떻게 기도를 시작했나요?(32:11)

모세는 하나님께서 백성들을 진멸하고 자신이 큰 나라가 되도록 해주시길 원했나요?(32:9-13)

모세가 하나님께 간구한 내용은 무엇인가요?(32:12)

모세는 하나님께 무엇을 기억해달라고 구했나요?(32:13)

하나님께서 아브라함과, 이삭, 그리고 이스라엘에게 주셨던 약속은 무엇인가요?

하나님께 구한 결과는 무엇이었나요?(32:14)

기도의 힘이 얼마나 대단한지 보이나요? 모세는 하나님께 나아가, 하나님께서 아브라함과 이삭과 이스라엘에게 약속하신 것을 기억해달라고 했어요. 그리고 하나님께서는 단지 모세의 기도를 들으신 것이 아니라, 그분의 뜻을 바꾸셔서 백성들을 해치지 않으셨어요. 하나님의 약속을 가지고 그분께 도움을 청할 수 있다니, 우리가 하나님과 통신할 수 있다는 것이 얼마나 강력한 특권인가요!

하나님의 말씀으로 기도하는 훈련을 해보도록 해요. 만약 우리의 마음이 두려울 때는 어떻게 기도해야 할까요? 이사야 41:13을 보세요.

이는 나 여호와 너의 하나님이 네 오른손을 붙들고 네게 이르기를 두려워 말라 내가 너를 도우리라 할 것임이니라.

자, 이 약속을 가시고 한번 기도해보세요.

하늘에 계신 아버지, 홀로 하나님되신 당신을 찬양합니다. 전 지금 제가 혼자가 아님을 압니다. 바로 주님이 제 옆에서 제 손을 붙잡고 계십니다! 주님께서 주신 이사야 41:13의 약속을 잊지 않도록 도와주세요. 나를 도와주시겠나고, 두려워하지 말라고 하신 것을요. 주님을 믿습니다. 저의 두려운 마음을 맡겨드리니 지금 저의 상황에 간섭해주세요. 모든 감사와 영광을 주님께 올려드립니다. 날 위해 중보하시는 훌륭한 대제사장이신 예수님(히브리서 7:25)의 이름으로 기도합니다. 아멘.

넷째 날

물자 꾸리기

이제 모든 물자가 갖춰졌으니 전투지휘소에서 받아가기만 하면 돼요. 물자 목록을 보면서 필요한 것들이 모두 있는지 살펴보고 그것들을 운반해서 헬리콥터에 실으세요. 이번 특수작전에서 우리의 임무는 단지 내 역할을 수행하는 데 필요한 것들만 알아두는 것이 아니라, 다른 대원들이 필요한 것들까지 아는 거예요. 우리의 목표는 모든 대원들이 장비를 완벽히 갖추는 거예요. 최고사령관님께 훈련 신고를 하고 훈련지침서를 챙기세요.

지금까지 우리는 주기도문의 네 번째 문장을 보면서 우리들에게 필요한 것들을 주시길 구하는 것에 대해 집중적으로 살펴보았어요. 하지만 기억해야 할 것은 이 기도에선 '우리'라는 말을 쓰고 있고, 그 말은 여기에 모인 '우리끼리'를 뜻하는 것이 아니라, **다른 모든 사람들**을 의미한다는 거예요.

디모데전서 2:1-6을 찾아 읽어보세요.

우리는 누구를 위해 기도해야 하나요?

우리는 ....을 위하여, ...과 ....에 있는 모든 사람을 위하여 기도해야 한다.

여기서 우리가 가장 먼저 알 수 있는 것은 모든 사람을 위하여 기도해야 한다는 거예요. 여러분의 기도 일지를 펴서 **"오늘 우리에게 일용할 양식을 주시옵고 – 청원과 중보"**라고 적어놓은 제목 밑에 여러분이 기도해주고 싶은 사람들, 즉 부모님, 친구,

가족들의 이름을 적으세요. 그리고 그 옆에 그들에게 필요한 것이 무엇인지를 적으세요. 하나님의 뜻을 위해 기도하는 것과, 야고보서 4:1-3에서 잘못된 마음으로 구하는 것에 대해 배운 것을 기억하세요.

여러분이 하나님께 구할 때 어떤 이유를 가지고 기도하는지 생각하세요. 어떤 마음을 가지고 구하고 있나요? 정말 예수님의 이름으로 기도할 수 있는 내용인가요?

그분의 성품과 일하시는 방법에 맞는 기도인가요? 그분께 영광이 되는 일을 위한 기도인가요? 명심하세요. 여러분의 기도는 그분의 뜻 안에 있어야 해요!

여러분이 기도해 줄 사람의 사진을 갖고 있으면, 그 페이지에 사진을 붙여놓으세요. 또한 다른 사람에게 필요한 것과 함께 여러분 자신의 것도 적어 놓으세요! 그리고 적어 놓은 것들을 갖고 기도하다가 하나님께서 응답을 주시면, 그분이 여러분의 간구에 응답하시는 과정을 통해서 어떻게 신실함을 보여주셨는지, 어떤 식으로 기도를 들으시고 응답하셨는지를 자세히 기록하세요. 하지만 부니 급하게 생각하지 마세요! 하나님은 그분의 뜻에 맞는 때에 응답하시기 때문에, 바로 응답이 오지 않았다고 해서 실망할 필요는 없어요.

여러분이 아는 사람들은 적어두었지만, 모르는 사람들에 대해선 어떻게 해야 할까요? 우리가 모든 사람을 위해 기도해야 한다는 걸 기억하지요? 가난하고 굶주린 사람들을 위해 기도하는 건 어떨까요? 배가 고픈 채로 잠자리에 들어본 적이 있나요? 있다면 그게 썩 좋은 일이 아니란 걸 알겠지요. 우리들 대부분은 먹을 것에 대한 부족함을 모르고 살지만, 매일 밤마다 허기진 채로 잠자리에 드는 형편이 어려운 친구들도 세상엔 많이 있어요. 그 중 어떤 친구들은 안전하고 따뜻하게 쉴 수 있는 집조

차 없어요.

우리가 매일의 필요한 것을 위해 기도해야 한단 걸 기억하고 있죠? 그렇다면 여러분이 저녁 식탁에 앉으면 먹을 것이 없는 사람들을 위해 기도해야 해요. 침대에 누워서 따뜻한 이불 속에 뒤척일 때는 집이 없어 길거리에서 잠드는 친구들을 위해 기도하세요. 또한 여러분이 자유롭게 뛰어놀 때는, 어떤 사람들은 안전하게 뛰어놀 공간도 없는 곳에 살고 있다는 것을 기억하세요. 세상에는 폭력과 범죄와 마약으로 가득한 곳도 있어요. 하나님께서 그런 것들을 없애주시고 친구들이 안전하게 살고 놀 수 있게 해주시길 기도하세요.

우리가 살펴본 디모데전서 2:1-6의 앞부분에서는 권력을 가진 사람들을 위해 기도해야 한다고 가르쳐주고 있어요. 이 사람들은 누구를 가리키는 걸까요? 대한민국의 대통령도 이 사람들 중 하나일까요? 선거로 뽑힌 공무원들이나, 판사들, 우리나라를 지켜주는 군인들은 어떤가요? 아니면 다른 나라의 지도자들은 어떤가요? 또한 교회의 목사님이나 선교사님들, 선생님들, 교장선생님, 여러분이 속한 모임의 리더는 어떤가요? 이 모든 사람들이 권력이나 지도자의 위치에 있는 사람들이고 여러분의 기도가 필요한 사람들이에요.

이 모든 사람들을 여러분의 기도일지에 적고 일주일에 하루씩 돌아가며 한 분류의 사람들을 놓고 기도하는 것도 좋아요.

그런데 이 사람들에게 어떤 기도가 필요한지 어떻게 알 수 있을까요? 각 집단별로 어떻게 그 사람들을 위해 기도할지 배우면서 익혀가도록 해요. 자신이 기도하는 사람의 사진이 있으면 꼭 기도일지에 붙이세요. 또한 우리나라의 국기나 여러분의 학교, 교회를 그려놓으면 매일매일 보면서 기도할 수 있어요.

일요일 : 대한민국 대통령

이 페이지에는 대통령의 사진을 붙이거나 태극기를 그리세요. 신문을 읽으면서 뉴스에 나온 기사들 중에서 대통령께서 결정해야 할 일들을 찾고 그것을 위해 기도하세요.

하나님께서 우리나라의 대통령을 모든 악으로부터 지켜주시길 기도하세요. 그가 지쳤을 때 힘을 주시고, 우리나라를 위해 옳은 판단을 할 수 있도록 지혜를 허락해 주시길 구하세요. 세상이 원하는 대로 따라가는 대통령이 아니라, 하나님을 경외하고 그분의 뜻을 구하는 대통령이 되도록 기도하세요. 자만하지 않고 겸손할 수 있도록, 이 나라를 섬기는 대통령의 손길을 성령께서 인도해 주시길 기도하세요. 또한 이 나라를 하나님 안에서 하나로 만드는 데 필요한 거룩하고 용기 있는 결단을 할 수 있게 해달라고 기도하세요.

월요일 : 선출된 공무원들

여러분의 지역을 대표하는 국회의원, 시장이 누군지 알아보고, 그들의 이름을 부르며 기도하세요. 하나님께서 이 모든 공무원들에게 그 직책을 다할 수 있는 지혜와 용기를 주시기를 기도하세요. 그들이 우리나라를 지탱하는 법률을 잘 만들고, 정반대의 의견을 가진 사람들과도 잘 협력해서 나라를 위한 최선의 결정을 내릴 수 있기를 구하세요. 또한 그들 중 그리스도인들을 하나님께서 잘 인도하셔서 우리나라가 거룩한 질서로 운영되기를 기도하세요.

화요일 : 재판관과 정의로운 판결

하나님의 법으로 옳은 것을 행할 수 있는 정의로운 사람들만을 재판관의 자리에 세워달라고 구하세요. 그들을 도우셔서 하나님의 말씀을 알고 그것으로 나라를 위한 옳은 결정을 내리게 하시고, 삶과 죽음을 결정하는 판단을 내려야 하는 매순간마다 지혜롭게 판결하게 해달라고 기도하세요.

수요일 : 군대

우리의 군대가 우리나라를 모든 어려움과 해악으로부터 지킬 수 있는 힘이 있게 해달라고 구하세요. 장교들이 나라를 지키는 임무를 위해 군인들을 다른 곳으로 보낼 때 지혜롭게 할 수 있기를 기도하세요. 군인들 한 사람 한 사람을 보호하셔서, 피곤할 때 새 힘을 주시고, 힘들고 외로울 때 위로해 주시기를 기도하세요. 그들에게 용기를 주셔서 두려워 않게 하시고, 전투에서 승리할 수 있게 해달라고 간구하세요.

목요일 : 다른 나라와 그 지도자들

잡지나 다른 나라 책에서 사진을 얻어서 붙이세요. 또한 세계지도나 지구본을 구하고, 그것을 보면서 기도할 때 이름을 불러가며 기도하세요. 내가 기도하는 나라들에 대해 다른 것들을 더 알고 싶으면, 패트릭 존스톤 씨가 쓴『세계기도정보』를 읽어보세요. 다른 나라들에 대해 공부해갈수록 하나님께서 여러분에게 어떻게 기도해야 할지를 가르쳐주실 거예요.

예수님에 대해 가르쳐줄 사람들을 세계 각지에 보내시길 기도하세요. 또한 사람들을 죽이고 핍박하는 지도자들을 없애주시고, 하나님을 경외하는 지도자가 그 자리에 세워지기를 기도하세요. 이 나라들에 살고 있는 기독교인들을 핍박과 고문으로부터 지켜주시고, 하나님의 나라를 앞당기는 그들의 사명을 잘 감당할 수 있게 해달라고 하나님께 구하세요.

금요일 : 나의 교회와 선교사님들, 목회자님들

이 페이지에는 여러분이 다니는 교회와 선교사님들의 기도제목이 적힌 쪽지를 붙여 넣으세요. 하나님께서 목회자들에게 하나님의 말씀을 공부할 시간을 넉넉히 주시기를 간구하세요. 그들이 성경말씀을 있는 그대로 전해서 사람들이 하나님의 말씀을 귀하게 여기게 되기를 기도하세요. 여러분 교회의 지도자들이 지혜로운 판단을 내릴 수 있도록 기도하고, 교인들을 잘 돕고 지역 사회를 섬기는 교회가 되기를 기도하세요.

예수님께서 자신과 아버지께서 하나이신 것과 같이 믿는 자들이 하나 되기를 기도하신 것처럼(요한복음 17장), 교회의 성도들이 잘 어우러지도록 기도하세요.

교회의 성도들이 교회 안에서 다른 사람들을 잘 가르쳐서 하나님과의 관계를 발전시키고, 밖으로는 구원받아야 할 사람들에게 열심히 전도하는 증인이 되도록 이끌어 달라고 기도하세요.

선교사님들이 다른 도시와 나라에서 구원의 하나님을 전하고 가르칠 때, 하나님께서 그들을 안전하게 지키시고 필요한 것을 공급해주시기를 기도하세요. 그들에게 건강과 힘을 주셔서, 매일매일 다른 사람을 예수님의 손길로 도울 수 있게 해달라고 기도하세요.

토요일 : 선생님, 교장선생님, 그리고 단체의 리더

여러분이 속한 학교나 단체를 그려보세요. 어쩌면 여러분의 학교나 단체를 위한 땅 밟기 기도(목표한 장소, 학교나 단체의 건물 주변을 돌면서, 또는 그 안을 걸어 다니며

하는 기도)를 함께 해줄 친구나 어른이 필요할 수도 있어요. 땅 밟기 기도를 하면서 선생님들과, 교장선생님, 그리고 상처받고 방황하는 아이들을 위해 기도하세요.

여러분이 학교에서 예수님을 잘 증거하고, 다른 사람들을 도우며, 소외된 친구들에게 다가갈 수 있는 사람이 되게 해달라고 기도하세요. 학교 안에서 방황하는 친구들을 하나님께서 이끌어주시길 구하세요. 하나님을 믿지 않는 사람들이 그들의 생각을 다른 이들에게 강요하지 못하게 해달라고 기도하세요. 하나님께서 여러분에게 거룩한 지도력을 주시기를 기도하세요.

하나님께서 선생님들에게 지혜를 주셔서 매일같이 학생들을 재미있고 흥미 있게 가르칠 수 있게 해달라고 기도하세요. 모든 악한 세력들을 물리쳐주시고, 우리 학교를 보호하셔서 아이들을 안전하게 지켜달라고 구하세요. 마약과 폭력배가 없는 안전한 학교를 만들 수 있는 강한 지도자를 허락해 주시길 기도하세요.

훌륭해요! 이제 모든 물자가 갖춰졌으니 출발해요.

다섯째 날

독수리 날개 작전

모든 물자가 준비되었고, 장비도 실었으니, 최고사령관님께서 출동명령을 내리셨어요. 이제 '특별작전 : 독수리 날개 작전'에 착수해야 해요. 낙하산은 준비했나요? 그럼 헬기를 타러 가도록 해요. 앞으로 삼일 동안 우리가 하나님의 특수부대원이 되기 위한 모든 능력을 갖추었음을 최고사령관님께 보여드릴 거예요. 훈련신고식을 잊지 않았겠죠? 준비되었으면 이제 출동해요!

우리의 임무를 계획해봐요. 주기도문의 다섯 번째 문장을 보세요. **"우리가 우리에게 죄 지은 자를 사하여 준 것 같이 우리 죄를 사하여 주시옵고."**

이 문장은 하나님께서 무엇을 해주시기를 구하는 기도인가요?

우리가 하나님께 용서받아야 할 것은 무엇인가요? 우리의 ....

왜 예수님께서는 다섯 번째 문장에 와서야 죄를 고백하고 용서받는 것에 대해 말씀하셨을까요? 우리가 죄를 고백하는 기도를 드릴 때는 먼저 누구를 바라봐야 하나요?

기도라는 것은 전능하신 하나님의 임재 가운데로 들어가는 것이기 때문에, 기도의 초점은 우리 자신이 아닌 그분이 되어야 해요. 또한 우리가 하나님께 초점을 맞추며 예배를 드릴 때는, 우리의 충성의 서약을 그분께 드리는 것, 그분의 나라를 위해 기도하는 것, 그분의 뜻을 구하는 것, 모든 것을 준비하시는 그분께 전적으로 의지하기를 기도하는 것, 이 모든 것들을 하고 나서야 여러분이 무엇을 잘못했는지를 알 수 있어요. 우리가 용서받아야 할 것들을 알게 될 거예요.

훈련지침서를 보면서 죄와 용서에 대해 알아보도록 해요. 다음의 요한복음 1:29을 읽어보세요.

이튿날 요한이 예수께서 자기에게 나아오심을 보고 이르되 보라 세상 죄를 지고 가는 하나님의 어린 양이로다.

누가 세상의 죄를 지고 가나요?

고린도후서 5:21을 읽으세요.

하나님이 죄를 알지도 못하신 이를 우리를 대신하여 죄로 삼으신 것은 우리로 하여금 그 안에서 하나님의 의가 되게 하려 하심이라.

하나님께선 예수님을 우리 대신에 무엇으로 삼으셨나요?

왜 그렇게 하셨나요?

다음의 히브리서 10:10-12을 읽으세요.

10이 뜻을 따라 예수 그리스도의 몸을 단번에 드리심으로 말미암아 우리가 거룩함을 얻었노라
11제사장마다 매일 서서 섬기며 자주 같은 제사를 드리되 이 제사는 언제나 죄를 없게 하지 못
하거니와 12오직 그리스도는 죄를 위하여 한 영원한 제사를 드리시고 하나님 우편에 앉으사

우리는 어떻게 거룩함을 얻었나요?(10:10)

그리스도의 제사는 언제까지 미치나요?(10:12)

앞에서 나온 것처럼 예수님께서 이미 과거와 현재와 미래의 우리 모든 죄 값을 십자가에서 대신 갚으심으로 우리를 용서하시고 구원해주셨는데, 왜 우리는 계속 하나님께 용서를 구하는 기도를 해야 하는 걸까요? 예수님께서 십자가에서 죽으셨을 때, 우리는 거룩하게 되었어요. 즉, 하나님 앞에서 영원히 죄없이 된 거예요. 그렇지만 하나님의 자녀가 된 지금도 우리는 죄를 짓게 만드는 육체를 갖고 살아가요.

죄가 하나님과 우리 사이에 무슨 짓을 하는 걸까요? 다음에 나오는 이사야 59:1-2을 읽으면서 알아보도록 해요.

1 여호와의 손이 짧아 구원하지 못하심도 아니요 귀가 둔하여 듣지 못하심도 아니라
2 오직 너희 죄악이 너희와 너희 하나님 사이를 갈라놓았고 너희 죄가 그 얼굴을 가리어서 너희를 듣지 않으시게 함이니라

우리 죄가 무엇을 한다고 하나요?(59:2)

죄가 있으면 하나님이 우리의 이야기를 들어주신다고 하나요?

예 .... 아니오 ....

시편 66:18 – 내가 나의 마음에 죄악을 품었더라면 주께서 듣지 아니하시리라.

우리의 마음에 죄가 있으면 어떻게 되나요?

....

잠언 28:9 – 사람이 귀를 돌려 율법을 듣지 아니하면 그의 기도도 가증하니라.

우리가 귀를 닫을 때, 우리의 기도는 어떻게 되나요?

....

잠언 28:13 – 자기의 죄를 숨기는 자는 형통하지 못하나 죄를 자복하고 버리는 자는 불쌍히 여김을 받으리라.

죄를 숨기는 자는 어떻게 되나요?

....

죄를 자복(고백)하고 버리는 자는 어떻게 되나요?

....

베드로전서 3:12 – 주의 눈은 의인을 향하시고 그의 귀는 저의 간구에 기울이시되 주의 얼굴은 악행하는 자들을 대하시느니라.

하나님께서 의인(하나님 앞에서 그분의 뜻대로 올바르게 사는 사람)에게 무엇을 하시나요?

....

악행하는 자들에게는 무엇을 하시나요?

....

예수님께서 모든 죄를 사하셨음에도 불구하고 우리가 하나님께 죄의 용서를 구하는 기도를 드려야 하는 이유를 알겠나요? 죄는 하나님과 우리 사이에 벽을 만들어요. 우리가 하나님으로부터 떨어져서, 하나님이 우리 기도를 듣지 않으시게 되는 거예요. 하나님과 우리의 관계를 방해하는 거죠. 다시 하나님 앞에 올바르게 서기 전에는, 우리 통신 채널은 모두 끊어진 상태일 거예요.

어떻게 하면 다시 하나님 앞에 올바르게 설 수 있을까요? 우리가 죄를 지었을 때 해야 하는 일은 무엇일까요? 다음의 요한일서 1:9을 읽어보세요.

만일 우리가 우리 죄를 자백하면 그는 미쁘시고 의로우사 우리 죄를 사하시며 우리를 모든 불의에서 깨끗하게 하실 것이요.

우리는 죄를 용서받고 깨끗해지기 위해 무엇을 해야 하나요?

....

우리가 자백해야만 용서받고 깨끗해져요. 통신 채널이 다시 연결되는 거예요. 그때 우리 통신 채널은 어떤 방해도 받지 않고 다시금 깨끗하게 작동하게 되요.

앞에 나왔던 잠언 28:13을 다시 읽어보세요.

죄를 자복(고백)하고 버리는 자는 어떻게 되나요?

....

밑에 나와 있는 야고보서 5:16을 읽어보세요.

그러므로 너희 죄를 서로 고백하며 병이 낫기를 위하여 서로 기도하라 의인의 간구는 역사하는 힘이 큼이니라.

우리가 서로에게 해야 하는 것은 무엇인가요?

우리가 죄를 서로 고한 후에는 또 무엇을 해야 하나요?

우리가 다른 그리스도인들에게 우리의 죄를 솔직하게 털어놓는다면, 이제는 그들 역시 우리를 위해 기도해줄 수 있어요!

의인의 기도(간구)에 대해서 뭐라고 배웠나요?

훈련 첫째 주에서 이런 기도를 한 사람에 대해 배우지 않았나요? 하늘을 열고 닫는 기도를 한 사람이 누구인가요? 기억이 나지 않는다면 야고보서 5:17을 보고 대답하세요.

죄가 우리의 기도생활에 어떤 영향을 미치는지 이제 알았죠? 예수님께서 그분의 기도 법칙 속에 죄의 용서를 구하는 기도를 넣으신 이유도 알겠군요. 그럼 여러분의 기도일지를 펴서 다음 페이지의 제목을 이렇게 쓰세요. **"죄 고백과 용서"** 그리고 밑에 있는 시편 51:10도 적어 넣으세요.

오 하나님, 내 속에 깨끗한 마음을 만들어 주시고 내 안에 올바른 마음을 새롭게 해 주소서.

_쉬운성경

이 기도는 자기 부인이 아닌 밧세바라는 여자를 사랑한 다윗의 죄에 대해 나단 선지자가 일깨워주었을 때 다윗이 하나님께 드린 기도의 일부분이에요.

자, 이제 이 기도를 드려보세요. 여러분의 아버지께 여러분의 죄를 고백하고, 용서받고 깨끗함을 얻으세요. 여러분의 통신 채널은 다시 어떠한 잡음도 없이 깨끗해질 거예요.

여섯째 날

낙하 훈련

저녁9시 이전에 낙하지점에 도달해야 해요. 물자와 장비를 먼저 낙하시켜 내려 보낸 후에, 우리가 낙하해야 할 지점으로 갈 거예요. 낙하를 마치자마자 우리가 취해야 할 행동은 낙하한 지점에서 벗어나는 거예요. 집결지역으로 모여서 인원수를 세고, 독수리 날개 작전에 착수하기 위한 준비를 완료해야 해요.

각자 자기 위치에 있나요? 좋아요. 출동 명령이 떨어졌어요.

어제 우리는 예수님의 기도 법칙의 다섯 번째 문장에서 뒷부분인, **"우리 죄를 사하여 주시옵고"**를 살펴보았어요. 죄가 하나님으로부터 우리를 떼어놓는다는 것과, 죄의 용서를 구하는 기도의 중요성에 대해 배웠어요. 그런데 그 앞부분에 **"우리가 우리에게 죄 지은 자를 사하여 준 것 같이"**는 어떤 의미일까요? 우리에게 죄짓고 상처 준 사람들을 꼭 용서해야만 할까요? 함께 알아보도록 해요.

마태복음 18:21-35을 읽어보세요. '용서'라는 단어가 나오면 빨간색 동그라미로 표시하세요.

자, 그럼 육하원칙에 맞춰서 임무를 계속해볼까요?

형제를 용서하는 것에 대해 예수님께 물어본 사람은 누구인가요?(18:21)

베드로는 형제를 몇 번까지 용서해주어야 한다고 생각했나요?

예수님의 대답은 무엇이었나요? 몇 번이나 형제를 용서해주어야 하나요?(18:22)

예수님께서는 베드로에게 대답하신 후에 한 우화(도덕적인 교훈이나 진리를 가르쳐주는 이야기)를 들려주셨어요. 예수님은 베드로에게 용서를 가르치시기 위해 우화를 사용하신 거예요. 이 우화는 어떤 이야기인지 함께 알아보도록 해요.

종은 주인에게 얼마의 빚을 졌나요?(18:23-24)

종은 그 빚을 갚을 능력이 있었나요?(18:25)

주인은 종에게 어떤 마음을 가졌으며, 무엇을 해주었나요?(18:27)

그 종이 한 일은 무엇인가요?(18:28)

동관이 종에게 진 빚은 얼마였나요?

종이 동관에게 한 일은 무엇이었나요?(18:30)

다른 동관들이 한 행동은 무엇이었나요?(18:31)

종이 한 행동을 보고 주인은 종에게 무엇을 했나요?(18:32-34)

예수님은 이 이야기를 통해 베드로에게 일만 달란트, 즉 우리나라 돈으로 100억이나 되는 돈을 탕감해줄 만큼 너그럽고 자비로운 주인과, 그러한 은총을 입고도 하루 임금 정도 되는 100데나리온 때문에 동관을 용서하지 않은 종의 모습을 보여주셨어요. 그 종의 야박함과 무자비한 마음이 결국 빚을 다 갚을 때까지 옥에서 고문받아야 하는 신세로 만들어버렸어요. 여러분은 이 종처럼 되고 싶지 않겠죠? 맨 마지막 절인 마태복음 18:35을 보세요.

우리가 형제를 용서하지 않을 때, 하나님께선 우리에게 어떻게 하시나요?

그렇다면 우리에게 죄 지은 자를 용서하는 것이 우리에게 중요한 일인가요?

예 .... 아니오 ....

그럼 교차분석을 통해 용서에 대해 하나님께서 어떻게 말씀하셨는지를 더 알아보도록 해요. 마태복음 6:14-15에서 우리가 사람의 과실(죄)을 용서할 때 우리에게 생기는 일은 무엇인가요?

만약 용서하지 않으면 어떻게 될까요?

골로새서 2:13-14을 찾아 읽어보세요.

우리의 범죄로 인해 죽어 있던 우리에게 예수님께서 하신 일은 무엇인가요?

골로새서 2:14에서 예수님이 도말하시고 제하여 버리신 것은 무엇인가요?

골로새서 3:12-13을 읽어보세요.

하나님의 택함을 받은 자들은 어떻게 행동해야 하나요?

에베소서 4:32을 읽어보세요. 우리는 서로를 어떻게 대해야 하나요?

왜 그렇게 해야 하나요?

용서가 얼마나 중요한 건지 알겠나요? 하나님의 말씀은 예수님이 우리를 용서하셨기 때문에 우리도 용서해야 한다는 것을 분명히 보여주고 있어요. 만약 우리가 다른 사람을 용서하지 않으면, 예수님께서도 우리를 용서하지 않으실 거예요(마태복음 6:14-15).

누군가를 용서한다는 것은 잊어버리는 것이 아니며, 잘못에 대해 질책하지 않겠다는 것도 아니에요. 그것은 내가 당한 그 일을 하나님께서 처리하시도록 넘겨드리는 것, 곧 하나님께서 판단하시도록 하는 거예요. 여러분을 화나게 한 그들의 잘못을 가지고 힘들어 하면서 고통받는 것이 아니라, 그 잘못과 잘못한 사람들을 마음속 미움의 집에서 놓아주는 거예요.

자, 이제 기도일지에서 **"죄 고백과 용서"**의 페이지를 펴고, "난 그/그녀가 내게 한 일을 용서하겠다"라고 적으세요. 추상적으로 적지 말고 용서해야 할 사람의 이름과 여러분이 당한 일을 구체적으로 쓰세요.

그리고 하나님께 나아가, 여러분이 누구의 어떤 일을 용서해야 할지 말씀드리세요. 여러분 자신의 힘으론 할 수 없지만, 하나님께서 할 수 있게 해 주시리라 믿는다고 말씀드리세요. 여러분의 상처와 화난 마음을 그분께 맡기세요. 하나님께서 이 모든 일들을 여러분에게 가장 좋은 것으로 바꿔주실 거예요. 하나님을 신뢰하고, 로마서 8:28의 그분의 약속을 의지하세요.

우리는 하나님께서 모든 일을 하나님을 사랑하는 사람, 곧 부름을 입은 사람들의 선을 위하

여 하신다는 것을 알고 있습니다._쉬운성경

하나님은 좋은 일만 있을 거라고 말씀하지 않으셨어요. 하지만 그분이 모든 것으로 선을 이루신다고 하셨어요. 지금까지 여러분에게 상처가 된 모든 일들을 하나님께서 선한 일로 이뤄주시길 기도하세요. 여러분은 하나님을 사랑하는 어린이니까요.

일곱째 날

경계 태세 : 독수리 날개 아래

병사들, 빨리 움직여요! 더 빨리, 더 빨리! 적군이 바로 우리 뒤에 있어요. 빨리 흩어져서 적에게 사로잡히지 않도록 하세요. 최고사령관님께 연락을 취해서 기도 지원을 부탁하고, 본부에 안전을 요청하세요. 선열을 정비해서 망대를 세운 후에, 불침번을 세우고 그 위치에 머물러 있어요!

예수님의 기도 법칙 여섯 번째 문장을 보세요.

"우리를 시험에 들게 하지 마시옵고 다만 악에서 구하시옵소서." 우리 최고사령관님께서 우리를 시험 가운데 두시거나 적군에게 사로잡힐 상황에 두시는 일이 있을까요?

야고보서 1:13-14을 보도록 해요.

[13]사람이 시험을 받을 때에 내가 하나님께 시험을 받는다 하지 말지니 하나님은 악에게 시험을 받지도 아니하시고 친히 아무도 시험하지 아니하시느니라 [14]오직 각 사람이 시험을 받는 것은 자기 욕심에 끌려 미혹됨이니

하나님은 누군가를 시험하시는 분인가요? ....

우리는 왜 시험을 받나요?

....

야고보서에서 말한 것처럼 하나님께서 아무도 시험하지 않는 분이시라면, 예수님께서는 왜 "우리를 시험에 들게 하지 마시옵고"라는 기도를 가르쳐주셨을까요? 두 말씀이 서로 앞뒤가 맞지 않는 것일까요? 그렇지 않아요! 우리가 배웠던 그 중요한 법칙이 뭐였죠? 성경말씀은 결코 그 안에서 서로 반대되는 말을 하지 않아요.

그렇다면 이 구절의 의미는 뭘까요? 예수님은 우리에게 경계 태세를 명하시는 거예요. 그분은 우리에게 항상 조심하라고 말씀하세요. 이 문장은 바로 "미리 대처하는" 기도예요. 여러분이 언제라도 출동할 수 있도록 물자를 챙겨두고 미리 계획을 세워두는 것처럼요.

출동 명령이 떨어졌을 때 우리는 준비되어 있어야 해요. 이 문장은 바로, "하나님, 난 옳은 일을 하길 원합니다. 그러기에 부족함 없도록 도와주세요"라는 기도와 같아

요. 시험이 닥쳤을 때, 아무런 죄를 범하지 않고 이겨낼 수 있으리라는 확신을 갖기 위한 거예요.

마태복음 26:36-44을 읽어보세요. 육하원칙에 맞춰 꼼꼼하게 읽으세요.

예수님께서는 무엇을 하려고 하시나요?(26:36)

예수님께서는 베드로와 세베대의 두 아들에게 무엇을 하라고 하셨나요?(26:38)

제자들은 무엇을 하고 있었나요?(26:40)

그들은 깨어 있었나요? 예 ……… 아니오 ………

시험에 들지 않는 방법은 무엇인가요?(26:41)

왜 깨어 있어야 하나요?

아무리 하나님을 사랑하고 그분의 뜻을 따라 살기를 원해도, 우리는 연약한 육신을 가진 사람들이에요. 이것이 예수님께서 기도 법칙의 여섯 번째 문장을 우리에게 주신 이유예요. 우리는 육신의 죄 가운데 빠지지 않도록 항상 깨어서 기도해야 해요.

- 지금 여러분은 깨어서 조심하고 있나요? 여러분이 가는 곳, 여러분이 보는 것, 생각하는 것, 듣는 것, 그리고 행동을 신중하게 선택하나요?

예 .... 아니오 ....

마태복음 26:33에서 베드로가 절대로 하지 않겠다고 예수님께 말한 것은 무엇인가요?

....

마태복음 26:34에서 예수님은 베드로가 장차 무엇을 할 거라고 말씀하셨나요?

....

마태복음 26:69-75에서 베드로에게 무슨 일이 일어났나요? 깨어 있지 못했던 사람은 누구였나요?

....

다음의 누가복음 22:31-34을 보도록 해요.

31 시몬아 시몬아 보라 사탄이 너희를 밀 까부르듯 하려고 요구하였으나 32 그러나 내가 너를
위하여 네 믿음이 떨어지지 않기를 기도하였노니 너는 돌이킨 후에 네 형제를 굳게 하라 33 그
가 말하되 주여 내가 주와 함께 옥에도, 죽는 데에도 가기를 각오하였나이다 34 이르시되 베드
로야 내가 네게 말하노니 오늘 닭 울기 전에 네가 세 번 나를 모른다고 부인하리라 하시니라

사단은 무엇을 하려고 청구했나요?(22:31)

예수님은 어떻게 기도하셨나요?(22:32)

예수님께서는 사단이 베드로를 시험하고자 할 때, 아무리 베드로의 진심이 그렇지 않더라도, 그의 육체가 약해서 시험에 빠지리라는 것을 아셨어요. 그래서 예수님은 베드로를 위해 어떻게 기도하셨나요? 예수님은 베드로의 믿음이 떨어지지 않도록 기도하셨어요. 즉, 시험에 빠졌을지라도 다시 돌아와서 그의 형제들을 굳건하게 하기를 원하셨어요.

정말 그렇게 되었을까요? 그래요. 베드로는 예수님을 부인했지만, 다시 예수님께로 돌아갔고 믿음을 회복했어요. 요한복음 21장을 보면, 예수님께서 자신을 잘 따르지 못한 베드로를 다시 부르셔서 그분의 양을 치라고 하시는 모습을 볼 수 있어요.

밑에 있는 베드로전서 5:8을 보세요.

근신하라 깨어라 너희 대적 마귀가 우는 사자같이 두루 다니며 삼킬 자를 찾나니

사자처럼 삼킬 자를 찾아다니는 것은 누구인가요?

우리는 무엇을 해야 하나요?

사탄은 언제나 우리를 삼키려고 찾아다니고 있어요. 그래서 예수님은 우리가 깨어서 조심하고 있어야 한다는 것을 그분의 기도를 통해 알려주셨어요. 우린 시험에 빠지지 않게 지켜달라고 하나님께 간구해야 해요. 이 여섯 번째 문장은 정신을 바짝 차리라고 말해주고 있어요.

그렇게 할 수 있나요? 시험에 빠지지 않을 수 있겠어요? 하나님께서 고린도전서 10:13을 통해 우리에게 주신 약속을 찾아보도록 해요.

사람이 감당할 시험 밖에는 너희에게 당한 것이 없나니 오직 하나님은 미쁘사 너희가 감당하지 못할 시험 당함을 허락하지 아니하시고 시험 당할 즈음 또한 피할 길을 내사 너희로 능히 감당하게 하시느니라.

이 말씀에서는 하나님에 대해 무엇을 알려주고 있나요?

....

하나님께서 시험에 대해 우리에게 약속하신 것은 무엇인가요?

.... 시험 밖에는 너희에게 당한 것이 없나니

하나님은 너희가 .... 시험 당함을 허락하지 아니하시고

또한 .... 길을 내사 너희로 능히 .... 하시느니라.

하나님은 미쁘세요(신실하시다)! 그분은 구원의 길로 인도하세요. 우리는 그분께 부르짖기만 하면 돼요. 또한 다른 사람들을 위해서 이 기도를 하는 것도 잊지 말아야 해요. 다음에 나온 에베소서 6:18을 보세요.

모든 기도와 간구로 하되 항상 성령 안에서 기도하고 이를 위하여 깨어 구하기를 항상 힘쓰며 여러 성도를 위하여 구하라.

우리는 어떻게 기도해야 하나요?

우리가 할 일은 무엇인가요?

우리는 누구를 위해 항상 깨어서 구해야 하나요?

잘했어요! 이제 여러분의 기도일지를 펼쳐서 다음 페이지에 "시험과 악으로부터 하나님의 구하심"이라고 제목을 붙이세요. 정신을 바짝 차리고 경계 태세를 하고 있는 병사도 그려 넣으세요. 그리고 여러분이 기도해야 할 사람들의 이름도 적으세요. 어쩌면 여러분 친구 중에 지금 시험을 당해서 잘못된 길로 빠지려는 사람이 있을지도 몰라요. 그가 시험에 빠지지 않도록 힘을 달라고 하나님께 기도하세요.

하나님, 당신은 신실하신 나의 구원자이십니다. 저를 죄짓게 만드는 것들에 걸려들지 않게, 깨어 있을 수 있도록 도와주세요. 잘못된 일을 하지 않길 원합니다. 당신의 말씀에 순종할 수 있게 도와주세요. 시험에 들지 않도록 나쁜 친구들이나 해로운 곳들로부터 지켜주세요.

제 친구(이름을 적으세요)를 도와주세요. 지금 시험을 당하고(시험의 내용을 적으세요) 있습니다. 이 유혹에 넘어가지 않도록 도와주세요. 감당할 수 없는 시험은 허락하지 않으시겠다는 고린도전서 10:13의 하나님의 약속을 기억하며 살도록 도와주세요. 주님께서 피할 길을 주실 것을 믿어요. 저의 기도를 들어주셔서 감사합니다. 시험을 당하셨지만 죄없이 견뎌내신 예수님의 이름으로 기도합니다. 아멘.

좋았어요! 독수리 날개 작전을 성공했어요. 우리가 점령한 지역으로 나아가면서, 기도 법칙의 마지막 문장을 보도록 해요. **"나라와 권세와 영광이 아버지께 영원히 있사옵나이다. 아멘."**

이 기도는 어떤 기도지요? ....

경배의 기도예요. 주기도문의 마지막 문장은 곧, 할렐루야를 합창하는 것과 같아요. 멋지지 않나요? 바로 그리스도 예수 안에서 승리를 얻은 순간이에요. 영원 영원히 모든 권세와 영광이 그의 것이에요! 흥겨운 노래를 최고사령관님께 드리며 그의 전능하심을 찬양하세요. 영원까지 다스리시는 분, 누구와도 비교할 수 없는 분! 아멘! 자, 하나님의 특수부대 친구들! 막사로 행진하면서 다같이 불러봐요.

좋으신 하나님, 위대하신 분,
열방을 떨게 하시네!
행진하세, 하나, 둘
행진하세, 셋, 넷
그분은 강하고 전능하시네,
낮이나 밤이나 날 구원하시네.
행진하세, 하나, 둘
행진하세, 셋, 넷
나의 최선이시며 최고가 되시는
그분을 위해 모두 견뎌내리
행진하세, 하나, 둘
행진하세, 셋, 넷
사랑을 주신 그분께 사랑을 드리네,
우릴 위해 아들을 주신 하나님!
행진하세, 하나, 둘
행진하세, 셋, 넷
그가 통치하고 다스리시리.
그 이름에 영광과 권세가.
행진하세, 하나, 둘
행진하세, 셋, 넷
크게 외치며 노래하세,
종일토록 하나님을 찬양하세!

잘했어요! 재밌지 않나요? 고된 훈련 탓에 덥고 지치고 흙투성이가 되었지만, 여러분의 임무를 훌륭히 완수했어요. 이제 28일 동안 하나님의 "Q" 코스를 거치면서 기도하는 법을 알게 됐겠죠?

샤워를 하고, 축하파티를 위해 깨끗하게 차려 입고 오세요. 수고했어요, 기도작전은 성공적으로 끝났어요!

특별 기도작전 – 임무 완수!

여러분이 해냈어요! 하나님의 "Q" 코스를 모두 완수하고 하나님의 특수부대 일원이 된 거예요. 하나님의 특수부대원 모자를 받을 만한 충분한 자격이 있어요! 여러분이 정말 자랑스러워요!

이제 임명식을 시작하겠어요. 여러분은 훈련을 성실하게 견뎌냈으며, 모든 시험을 통과했어요!

최고사령관님과의 통신 전문가가 되기 위해 여러분이 배우고 성취한 것들을 돌아보세요. 이제 여러분은 하나님의 임재 가운데로 어떻게 나아가는지, 어떻게 그분을 높이고 찬양하는지 알게 되었어요. 충성과 헌신이 오직 그분께 있기에, 그분께 여러분을 드리고 여러분 삶의 주도권을 드려야 한다는 것도, 그분의 나라와 구원받아야 할 사람들을 위해 기도해야 한다는 것도 알았어요.

여러분의 모든 것을 준비해주시는 그분께 전적으로 의지해야 한다는 것도 알았어요. 그분이 여러분뿐만 아니라 다른 사람의 모든 필요한 것들까지 공급해주실 거예요. 죄가 여러분을 최고사령관님으로부터 떨어뜨려 놓는다는 것도, 그렇기 때문에 여러분의 죄를 고백하고 용서를 구하며, 여러분에게 죄 지은 사람을 용서해야 한다는 것도 알았을 거예요.

'독수리날개 작전'에서는 최고사령관님께서 어떻게 여러분을 적군으로부터 구해주시는지 봤지요. 훈련지침서를 통해서는 모든 것을 하나님의 뜻대로, 또한 하나님의 아들 예수님의 이름 안에서 구해야 한다는 걸 알았어요. 그분의 전능하심과 위대하심, 또한 얼마나 여러분을 사랑하시고, 여러분을 특수부대팀으로 간절히 부르고 계신지도 알았을 거예요.

우리는 여러분이 끝까지 싸워나갈 수 있도록 계속 도움을 주고 싶어요! 여러분이 이곳, 하늘나라 캠프를 떠나는 것이 무척 아쉽지만, 최고사령관님께서는 여러분이 전쟁터로 나가길 원하세요.

어서 짐을 챙기고, 훈련지침서를 꼭 챙기세요. 하나님의 말씀을 아는 것이 기도작전의 열쇠예요. 통신장치를 언제나 켜고, 평생의 삶 속에서 최고사령관님을 위한 여러분의 통신 채널을 닫아두지 마세요.

해산하세요, 병사들! 전장에서 보도록 해요.

그분께 충성을,

하나님의 특수부대

브라이언트 장군

해답지

P.32-33

"나라가 임하시오며."

_·_·/ · · · ·/ _·_/ __·/ _ / _·_

ㅊ ㅜ ㅇ ㅅ ㅓ ㅇ ☞ 충 성

"뜻이 하늘에서 이루어진 것 같이 땅에서도 이루어지이다."

__·/ · · · ·/ · ·_·/ ·__·/ ·_/ _·_

ㅅ ㅜ ㄴ ㅈ ㅗ ㅇ ☞ 순 종

"오늘날 우리에게 일용할 양식을 주시옵고."

_·_·/ _ / _·_/ _·_/ · · · · *_/ · ·_·

ㅊ ㅓ ㅇ ㅇ ㅝ ㄴ 과

·__·/ · · · · / _·_/ ·__/ ·_

ㅈ ㅜ ㅇ ㅂ ㅗ

☞ 청 원 과 중 보

"우리가 우리에게 죄 지은 자를 사하여 준 것 같이 우리의 죄를 사하여 주시옵고."

·__·/ ·_* · ·_/ ·_· ·/ ·_/ ·__/ ·* · ·_/ ·_· ·

ㅈ ㅚ ㄱ ㅗ ㅂ ㅐ ㄱ 과

_·_ / _· / _·_ / __· / _

ㅇ ㅛ ㅇ ㅅ ㅓ

☞ 죄 고 백 과 용 서

"우리를 시험에 들게 하지 마시옵고, 다만 악에서 구하시옵소서."

·_·· / ···· / _·_ / ····*_ / ··_·

ㄱ ㅜ ㅇ ㅝ ㄴ ☞ 구 원

"나라와 권세와 영광이 아버지께 영원히 있사옵나이다. 아멘."

·_··/···/_·_/·__ /·*··_

ㄱ ㅕ ㅇ ㅂ ㅐ ☞ 경 배

P.50 창조자

P.67 찬양, 고백

P.68 말씀

P.82

(ㄱㅓㄴㄱㅜㅊ) ☞ 천국 (ㅜㄴㅓㄱㅇㅜ) ☞ 구원

(ㅜㅅㅡㄷㅇㄹㅣㅖㅡㄱㅅㅗ) ☞ 예수 그리스도

(ㅏㄹㄴㅏ) ☞ 나라 (ㅣㅇㅡ) ☞ 의

(ㅂㅣㄱㅈㅏㅅㅏ) ☞ 십자가 (ㅇㅜㅂㅣㄴ) ☞ 부인

(ㄱㅣㅅㄹㄸㅣㅏㄹㅏㅇㅡㄹㅓㅣㄴ) ☞ 따를 것이니라

(ㅁㅁㅜㄱㅗㅅ) ☞ 목숨 (ㄱㅓㄹㅏㅎ) ☞ 허락

(ㅁㅏㅂㄹㅏ) ☞ 바람　　　(ㄸㅡㅁㅡㅇ) ☞ 으뜸

P.94

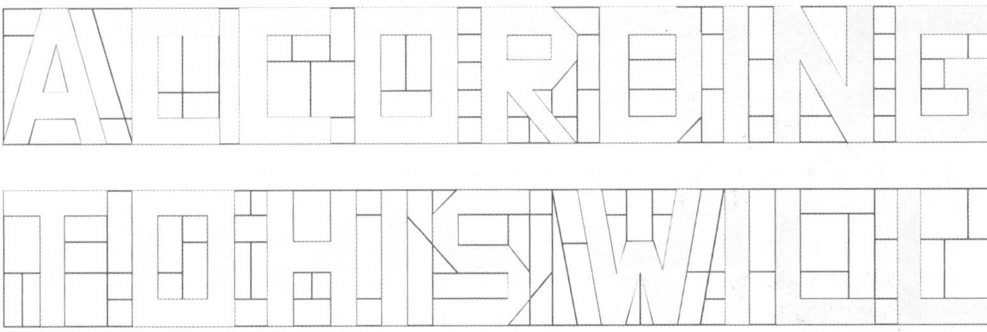

p.101 담대함

p.135 일용할

p.136 거하

프리셉트 어린이 신앙전기

파란눈의 중국인 선교사

허드슨 테일러

오직 하나님의 도움만 구합니다!

허드슨 테일러의 순종하는 삶과 그 믿음대로 역사하시는 하나님의 신실하심을 통해 흔들리지 않는 믿음에 대해 맛보게 될 것이다.

■ 캐서린 맥켄지 지음 | 값 8,000원

고아들의 영웅

조지 뮬러

일상을 기적으로 채운 사람!

가난하고 외로운 고아들을 돌보는 사역과 영혼을 구원하는 일에 전념했던 조지 뮬러 목사의 삶을 통해 기도와 섬김의 삶이 얼마나 복되고 귀한 것인지, 어린이들에게 가르칠 수 있을 것이다.

■ 아이린 호왓 지음 | 값 8,000원

어린이를 위한 추천도서

초등학생을 위한 스토리 북

하나님은 너를 사랑해

소중한 너를 위한 100가지 이야기

하나님이 하시는 말씀에 귀를 기울이는 삶을 통하여 아이들의 일상이 달라지는 모습을 느끼게 될 것이다.

- 요한 스미스 · 헬레나 스미스 지음 | 값 10,000원

우리들이 궁금해하는 신앙에 대한 72가지 질문

믿음이 쑥쑥 자라고 있어요

'하나님, 창조, 죄, 성경, 예수님, 구원, 예배, 교회, 용서, 복음 전파, 천국'에 대한 내용을 아이들과 함께 나누며 기도할 수 있도록 구성되어 있다.

- 존 맥아더 지음 | 값 7,500원

주기도문을 통해 배우는

예수님, 기도를 가르쳐주세요!

Precept

저자 | 케이 아더 & 지나 아든트
역자 | 김준
일러스트 | 정향준

초판 1쇄 | 2010년 2월 10일

발행인 | 김경섭
국제총무 | 최복순
총무 | 김상현
기획국장 | 김현욱
사무실장 | 박석진
사역부 | 박은아(팀장), 이현정, 전해권
서적부 | 임세희
편집부 | 박미정(팀장), 최필순, 서유경, 조연혜(편집), 박한나, 이준일(디자인)

발행처 | 프리셉트선교회
등록번호 | 108-82-61175
일부총판 | (사) 두란노 서원 Tel. (02) 2078-3333 Fax. 080-749-3705
인쇄 | 예원프린팅

주소 | 서울시 동작구 사당 5동 190-220 (우) 156-095
전화 | (02) 588-2218 팩스 | (02) 588-2268
홈페이지 | www.precept.or.kr
국민은행 772-21-0310-382(김경섭)

값 8,000원
ISBN 978-89-8475-433-1 04230
ISBN 978-89-8475-432-4 (세트)
독자 여러분의 의견을 기다립니다.
독자 전화 (02) 588-2218 / precept67@chol.com